KB220541

The Major Prophets

대선지서 <small>개정판</small>

The Major Prophets

대선지서 개정판

이에스더 지음

머리말

구약의 선지자들은 어떤 특별한 사명을 수행하기 위해 하나님으로부터 직접 부르심을 받고 하나님의 대변자로서 사람들에게 하나님의 말씀을 선포하는 사람들이다.

그들은 제사장이나 서기관과는 달리 그 임무의 한계선을 엄격하게 그을 수 없지만 대체로 다음과 같은 임무를 수행하였다. 첫째로, 백성의 삶 가운데 일어나는 여러 가지 문제에 대해 조언해 주거나 해결해 주는 역할을 했다. 둘째로, 역사적 기록을 편집하고 역대기를 보존하는 등 문서 활동을 했다. 셋째로, 하나님을 떠나 우상을 숭배하는 이스라엘 백성이 다시 하나님께로 돌아가도록 촉구했다. 넷째로, 하나님의 선민인 이스라엘 백성의 개인과 사회와 민족 전체에 대해 도덕적인 교훈을 선포했다. 다섯째로, 국가의 전쟁, 동맹, 조약과 같은 대외 정책을 지도하는 등 정치적인 영향력을 행사했다.

이 같은 역할을 하는 선지자들의 메시지를 담고 있는 책이 바로 구약의 선지서다. 이 선지서는 B.C. 9세기 중엽부터 5세기 중엽의 기간에 16명의 선지자가 하나님의 말씀을 선포하고 기록하였는데 책의 분량에 따라 대선지서와 소선지서로 구분된다.

이 책에서는 대선지서를 다루었으며, 이를 연구함에 있어서 각 책의 요점을 중심으로 연구할 수 있도록 하였다. 또한 본문의 내용과 관련된 성경 구절들을 직접 찾아 읽음으로써 보다 효과적으로 내용을 연구하게 하였다. 이때 본문의 내용과 직접 관련 있는 성구뿐만 아니라 본문의 내용을 연구하는 데 도움이 되는 간접적인 성구들도 함께 수록하였다.

이 책은 필자가 20여 년 전부터 지금까지 신학교에서 학생들에게 강의하고 있는 내용을 정리한 것으로, 신학을 공부하는 학생들뿐만 아니라 구약의 선지서를 연구하는 모든 분들에게 도움을 주기 위해 개정판으로 출간하였다.

출간을 위해 애써 주신 한국학술정보 (주) 지성영 팀장님을 비롯하여 편집부와 디자인팀 관계자들에게 감사드린다. 또한 순복음영산신학원 조용찬 학장님과 동역자들에게 감사드리고, 언제나 변함없이 곁에서 돌보아 주시고 격려해 주시는 남편 이동수 장로님께 감사드린다. 아울러 지난해 아름답고 행복한 가정을 이룬 건우와 시은이, 그리고 사랑스러운 아가 하온이에게도 고마운 마음을 전하고 싶다.

2021년 8월

이에스더

차례

05 다니엘

대선지서
개요

Ⅰ. 구약 성경에서의 대선지서 위치

1. 국역(國譯) 성경에서의 위치

1) 율법서(וַתּוֹרָה)

창세기, 출애굽기, 레위기, 민수기, 신명기

2) 성문서(כְּתוּבִים)

(1) 시가서: 욥기, 시편, 잠언, 전도서, 아가서
(2) 역사서: 여호수아, 사사기, 룻기, 사무엘상, 사무엘하, 열왕
기상, 열왕기하, 역대상, 역대하, 에스라, 느헤미아, 에스더

3) 선지서(נְבִיאִים)

(1) 대선지서: 이사야, 예레미야, 예레미야애가, 에스겔, 다니엘
(2) 소선지서: 호세아, 요엘, 아모스, 오바댜, 요나, 미가, 나훔, 하

박국, 스바냐, 학개, 스가랴, 말라기

선지서는 B.C. 9세기 중엽부터 5세기 중엽의 기간에 16명의 선지자가 하나님의 말씀을 선포하고 기록했는데, 대선지서와 소선지서의 구분은 내용의 중요성에 의한 구분이 아니라 책의 분량에 의한 구분이며, 시대순으로 배열된 것이 아니다.

2. 히브리 성경에서의 위치

1) 율법서 (תּוֹרָה)

창세기, 출애굽기, 레위기, 민수기, 신명기

2) 성문서 (כְּתוּבִים)

(1) 시가서: 욥기, 시편, 잠언
(2) 오축 (다섯 두루마리 책): 아가 (유월절에 읽음), 룻기 (오순절에 읽음), 전도서 (장막절에 읽음), 에스더 (부림절에 읽음), 예레미야애가
(3) 역사서: 다니엘, 에스라, 느헤미야, 역대기

3) 선지서 (נְבִיאִים)

(1) 전기 예언서 (Former Prophets): 여호수아, 사사기, 사무엘상, 사무엘하, 열왕기상, 열왕기하
(2) 후기 예언서 (The Latter Prophets): 대선지서 (이사야, 예레미

야, 에스겔), 소선지서 (호세아, 요엘, 아모스, 오바댜, 요나, 미가, 나훔, 하박국, 스바냐, 학개, 스가랴, 말라기)

II. 선지자의 명칭과 성격

1. 선지자의 명칭

1) 나비 (נָבִיא)

선지자의 대표적인 용어로서 '말하는 자' (speaker), '대신 말을 전하는 자'라는 뜻으로 '부르심을 받고 메시지를 전하는 자' (speaker), '하나님의 메시지를 보는 자' (seer)란 의미가 포함되어 있다. 즉, 선지자는 어떤 특별한 사명을 수행하기 위해 하나님께 부르심을 입고 하나님의 대변자로서 사람들에게 하나님의 말씀을 전하는 사람을 의미한다.

출 7:1~2

선지자들은 예언을 하거나 집단을 형성하여 성소나 제의 (際儀) 에 관련된 일을 했다.

2) 로에 (רָאָה), 호제 (חֹזֶה)

이 용어는 '선견자'(先見者, seer)라는 뜻으로, 하나님의 메시지를 본 후 그 메시지를 선포하는 사람을 지칭한다. 선지자란 하나님의 메시지를 받아 선포할 수 있는 능력을 갖춘 자라고 할 수 있다.

2. 성경에 나타난 선지자의 여러 명칭

1) 하나님의 사람(왕상 17:24; 왕하 5:20)

하나님과 선지자 사이의 관계성에 역점을 둔 칭호이다.

2) 야훼의 종(수 12:6)

선지자와 하나님 사이를 종과 주인의 관계로 말한 칭호이다.

3) 야훼의 사자(학 1:13)

하나님의 특수한 사역을 수행하기 위해 보냄을 받은 자의 칭호이다.

4) 선견자(삼상 9:9; 삼하 24:11)

미래를 내다볼 수 있는 능력을 갖춘 자에 대한 칭호이다.

3. 선지자를 세우신 목적

1) 이스라엘 백성이 이방인들의 가증한 종교 행위를 본받지 않도록 하기 위함이다.

신 18:9~12

2) 이스라엘 백성이 하나님의 뜻을 알고 행함으로 하나님처럼 완전하게 되도록 하기 위함이다.

신 18:13; 마 5:48

3) 하나님께서 이스라엘 백성과 언약을 맺기 위해 호렙산에 나타나셨을 때 백성이 두려워하며 야훼의 음성을 직접 듣지 않게 해 달라고 요청했기 때문이다.

신 18:16~18

4) 현실에 필요한 메시지를 주시기 위함이다.

선지자와 선포 내용

순서	예언자	이름의 뜻	선포 내용	연대 (B.C.)
1	요엘	야훼는 하나님이시다.	주의 날	835~796
2	요나	비둘기	이방의 선교	793~753
3	아모스	짐 지는 자	하나님의 의	760~755
4	호세아	구원하다, 구해내다.	하나님의 사랑	755~723
5	이사야	야훼의 구원	하나님의 언약	740~680
6	미가	하나님 같은 자가 누구인가?	이스라엘의 통치자	735~690
7	나훔	위안, 위로자	야훼의 날	640~630
8	스바냐	하나님께서 숨기신다	야훼의 날	640~630
9	예레미야	야훼께서 높이셨다 야훼께서 세우신다	야훼의 말씀	626~585
10	하박국	포옹하다	의인은 믿음으로 말미암아 살리라	627~580
11	다니엘	하나님은 나의 재판관이시다	언약된 나라의 승리	600~530
12	에스겔	하나님께서 강하게 하신다	선한 목자의 통치	593~570
13	오바댜	주의 종	야훼의 날	586~583
14	학개	축제, 절기	성전 재건 독촉	520~519
15	스가랴	하나님께서 기억하신다	하나님은 승리의 영웅	520~470
16	말라기	나의 사자(使者)	언약에 대한 하나님의 사자	500~450

* 연대는 자료에 따라 차이가 있을 수 있다.

4. 성경 예언의 일반적인 특징

1) 성경의 예언은 이방 민족들의 신탁 (oracles)과는 달리 앞으로 있을 일을 모호하게 말하지 않고 분명하게 예고한다.
2) 우연히 일어날 일을 말하기보다는 계획되고 의도된 일들을 예언한다.

3) 사건이 발생하기 전에 기록, 출판, 선포된 것이며 인간의 지식
   이나 지혜로 알 수 있는 것이 아니다.
4) 다른 예언들과 서로 연결되어 있는 경우가 많다.
5) 예언은 하나님 사역의 한 방법이다.

사 46:9~10

_____

_____

암 3:7

_____

_____

> ### 예언적인 자료가 많은 성경
>
> 구약: 이사야 (854절), 에스겔 (851절), 예레미야 (812절)
> 신약: 마태 (278절), 요한계시록 (256절), 누가 (250절)

5. 예언의 형성과정

1) 선지자 자신이 하나님을 체험한다.

(1) 선지자가 하나님의 영 또는 말씀을 접한다. 이때 선지자는 환
   상, 소리, 징조, 신비한 지식 등을 체험하게 된다.

① 환상, 소리

사 6:1～8

_____

_____

② 징조

사 7:13～17

_____

_____

③ 신비한 지식 (렘 4～6장)

(2) 이러한 신비한 체험은 의식 가운데, 또는 무아지경의 황홀 상
    태에서 발생하기도 하는데 이때 선지자는 성령으로 충만하여
    압도적으로, 거역할 수 없이 계시를 받게 되며 인격적으로 하
    나님을 만나게 된다.

2) 선지자가 그의 체험을 해석한다. 즉, 선지자는 하나님의 메시
   지를 받고 그에 대해 반응한다.

(1) 모세는 하나님의 명령을 거부하기도 하고 자신이 희생될 것
    을 요청하기도 했다.

출 3:11

출 32:32

(2) 아모스는 하나님의 메시지를 변경시켰다.

암 7:2~3

3) 선지자는 그의 체험을 언어나 행동으로 구체화한다. 즉, 선지
자의 신적 체험을 듣는 자나 읽는 자가 이해할 수 있도록 표
현한다.

(1) 언어로

렘 20:9

(2) 행동으로

① 이사야는 이스라엘이 전쟁에 패하여 포로로 잡혀가는 것을 상
   징하기 위해 3년 동안 벗은 몸으로 지냈다 (사 20:1~5).
② 호세아는 이스라엘 백성을 상징하는 음란한 여자인 고멜과 결
   혼했다 (호 1:2~3).
③ 하나님께서는 유다에 대한 심판의 상징으로 예레미야에게 옹
   기를 깨뜨리라고 말씀하셨다 (렘 19:10~11).
④ 하나님께서는 에스겔에게 390일 동안 왼쪽으로 누워 이스라
   엘 족속의 죄악을 담당하고, 40일 동안은 오른쪽으로 누워
   유다 족속의 죄악을 담당하라고 말씀하셨다 (겔 4:4~11).

6. 선지자의 임무

선지자는 제사장이나 서기관과는 달리 그 임무의 한계선을 엄격
하게 그을 수 없지만 대부분 다음과 같은 임무를 수행했다.

1) 백성의 삶 가운데 일어나는 여러 가지 문제에 대해 조언해 주
   거나 해결해 주는 역할을 했다 (삼상 9장; 왕하 4장).

왕상 14:1~3

2) 역사적 기록을 편집하고 역대기를 보존하는 등 문서 활동을
   했다. 그러나 엘리야나 엘리사는 문서 활동보다 실제 활동에
   더 치중했다.

대상 29:29

3) 종교적 교훈을 선포했다.

하나님을 떠나 우상을 숭배하는 이스라엘 백성이 다시 하나님께
로 돌아갈 것을 선포했다. 그리하여 하나님만 사랑하고 순종하며
헌신하도록 촉구했다.

4) 도덕적 교훈을 선포했다.

이스라엘 백성은 하나님의 선민으로서 신앙공동체였기 때문에
개인뿐 아니라 사회와 민족 전체에 대해 도덕적인 교훈을 했다. 선
지자들은 특히 상류층의 사치와 방종, 무절제, 가난한 자들에 대한
압박과 강탈 등에 대해 공박했다.

5) 정치적인 영향력을 행사했다.

B.C. 8세기경 선지자들 (이사야, 미가, 아모스, 호세아)은 국가의
전쟁, 동맹, 조약 등 대외 정책을 지도하면서 당면한 문제에 대한

성공과 실패를 말하기도 했다.

III. 예언의 역사

1. 사무엘 이전 시대

1) 야렛의 아들 에녹(창 5:18)의 예언

유 1:14

....

....

2) 노아의 예언

창 9:25∼27

....

....

3) 선지자 아브라함

창 20:7

....

....

4) 이삭의 예언

창 27:24~29

_____

_____

5) 야곱의 예언

창 48:15~16

_____

_____

창 49장

_____

_____

6) 대언자(예언자) 아론

출 7:1

_____

_____

7) 선지자 미리암

출 15:20

_____

8) 엘닷과 메닷의 예언

민 11:25~29

9) 선지자 모세

민 12:5~8

신 18:15

10) 여선지자 드보라

삿 4:4

11) 무명의 선지자

삿 6:8~10

....

....

12) 하나님의 사람

삼상 2:27~36

....

....

2. 사무엘 이후 문서 예언자 이전 시대

1) 사무엘 때부터 선지자의 사역이 더 선명해지기 시작했다.

행 3:24

....

....

2) 사무엘 때부터 집단 예언자들이 나타났는데 엘리사 시대까지
   계속 나타난다.

삼상 19:20

....

....

3) 다윗 왕국 때 다윗이 선지자로 기록되기도 하였으나 진정한 선지자의 면모를 갖춘 자는 나단과 갓이었다. 나단은 다윗의 아들이 성전을 지을 것을 예언하였으며 (삼하 7장) 만년에는 다윗의 행적을 기록하였다 (대하 29:29). 또한 갓은 다윗에게 예루살렘 성전이 세워질 터전에 제단을 쌓으라고 충고했다 (대상 21:1~27). 한편 이때 아히야와 잇도도 예언자로 활동했다.

행 2:29~30

4) 솔로몬 시대에는 예언 활동이 활발하지 않았으나 분열 왕국 시대에는 다시 활발해졌다. 예를 들면 엘리야는 우상 숭배를 하던 아합왕 시대에 예언했으며, 엘리사는 불경건하던 오므리 왕조 대신 예후를 세웠다.

문서 예언자 이전의 예언자

이름(왕국)	호칭	당시 왕	성경
사무엘(통일)	예언자 (나비) 선견자 (로에)	마지막 사사 사울, 다윗	삼상 3:20 삼상 9장
갓(통일)	예언자 (나비) 선견자 (호제)	사울, 다윗	삼하 24:11 (대상 21:9; 대하 29:25)
나단(통일)	예언자 (나비)	다윗	삼하 7:2, 12:25
헤만(통일)	선견자 (호제)	다윗	대상 25:5
아히야(통일)	예언자 (나비)	솔로몬 여로보암 1세	왕상 11:29 이하, 14장
잇도(통일)	선견자 (호제)	솔로몬 여로보암 1세	대하 9:29; 12:15

이름(왕국)	호칭	당시 왕	성경
스마야(남)	하나님의 사람	르호보암	왕상 12:21~24
하나니(남)	선견자 (로에)	아사	대하 16:7~10
오뎃(남)	예언자 (나비)	아사	대하 15:8
예후(북)	예언자 (나비)	바아사	왕상 16장
엘리야(북)	예언자 (나비) 하나님의 사람	아합	왕상 17~21장 왕하 1장
미가야(북)	예언자 (나비)	아합	왕상 22장
엘리사(북)	예언자 (나비) 하나님의 사람	아합 – 요아스	왕상 19장 왕하 2~13장
야하시엘(남)	예언자(나비)	여호사밧	대하 20:14~17
스가랴(북)	예언자(나비)	요아스	대하 24:20~22

3. 문서 예언자 시대

'문서 예언자' (Writing Prophets)란 예언서의 책 이름과 예언자의
이름이 같은 것을 말한다. 예컨대 이사야라고 하면 예언자 이사야
를 지칭하기도 하고 예언서 이사야를 뜻하기도 한다.

문서 예언자들 이전에도 엘리야나 엘리사와 같은 예언자들이 활
동했지만 그들에 관한 기록은 열왕기와 같은 역사서에만 남아있다.

1) 집단 예언자들

이들은 지방 성소에서 제사장들과 함께 제사를 주관하기도 하고
왕의 성소나 궁중에서 자문(諮問) 역할을 하기도 했다. 그러나 이
들은 직업적이고 주로 좋은 예언만 했기 때문에 점점 신뢰를 상실
하게 되었다.

2) 개인 선지자들(아모스, 호세아, 이사야, 미가, 스바냐, 이사야, 예레미야, 에스겔 등)

(1) 이들은 직업적이지 않고 국록(國祿)을 먹지 않으며 집단이나 성소에 속하지 않았다. 뿐만 아니라 이들은 지파나 족속을 대표하지 않았으며 왕의 성소나 궁중에서 활동하지도 않았다.

(2) 이들은 이스라엘이 위기에 처해 있을 때 메시아에 대한 예언을 함으로써 소망을 선포하였다.

문서 예언자

구분	대선지서	소선지서
바벨론 포로기 이전	이사야, 예레미야	요엘, 요나, 아모스, 호세아, 미가, 스바냐, 나훔, 하박국
바벨론 포로기	다니엘, 에스겔	오바댜
바벨론 포로기 이후		학개, 스가랴, 말라기

IV. 참 선지자와 거짓 선지자의 구별

1. 구약 성경에 의한 구별

1) 참 선지자는 야훼의 말씀을 받아 예언하지만 거짓 선지자는 자기 마음에서 나오는 것을 예언한다.

렘 23:16

겔 13:1~3

2) 참 선지자는 주로 혼자 활동했고 거짓 선지자는 집단으로 활동했다.

(1) 엘리야

왕상 19:10

(2) 바알과 아세라 선지자

왕상 18:19

3) 참 선지자는 주로 재앙을 예언하고 거짓 선지자는 주로 복을

예언했다. 그러나 참 선지자라고 반드시 재앙만 예언한 것은
아니다.

렘 8:11
_____
_____

렘 23:17
_____
_____

렘 28:8〜9
_____
_____

왕상 22:21〜23
_____
_____

　예레미야는 이스라엘이 70년 동안 바벨론에서 포로 생활할 것을
예언하였으나 거짓 선지자 하나냐는 바벨론 포로가 된 후 2년이 되
기 전에 성전 기구들을 모두 가져오게 될 것이라고 예언하였다.

렘 25:11~12

렘 28:2~3

4) 거짓 선지자는 야훼 이외의 다른 신들을 말한다.

신 13:1~2

5) 거짓 선지자는 대부분 직업적이다.

미 3:5

　한편 사무엘과 엘리사는 참 선지자이지만 돈과 의식 (衣食)을 공급받기도 했다.

삼상 9:8

_____

_____

왕하 4:8

_____

_____

6) 거짓 선지자는 허탄한 묵시를 보며 거짓 것을 점친다.

겔 13:9

_____

_____

7) 예언이 성취되지 않은 선지자는 거짓 선지자이다.

신 18:20~22

_____

_____

8) 거짓 선지자들은 비도덕적인 생활을 하는 경우가 많다.

렘 23:13~14

_____

2. 성경적 진리에 의한 구별

1) 참 선지자냐 거짓 선지자냐 하는 것은 결국 야훼냐 바알이냐, 하나님이냐 우상이냐, 신앙이냐 불신앙이냐 하는 대립 관계로 설명할 수 있다.

2) 참 선지자는 야훼만을 나타내며 위정자와 백성뿐만 아니라 자기 자신까지도 비판한다.

3) 거짓 선지자는 자기에게 영광을 돌리고, 자신을 신격화하며, 불신앙과 불순종을 나타낸다.

빌 3:19

3. 참 선지자에 대한 판단 기준

1) 이스라엘 민족의 일원이어야 한다.

신 18:18

2) 야훼의 이름으로 말해야 한다.

신 18:19

3) 예언이 성취되어야 한다.

신 18:22

4) 이적과 기사가 나타나는 경우가 많다. 한편 거짓 선지자도 이
   적과 기사를 행하기도 한다.

신 13:1~2

4. 선지자와 주의 종의 관계

1) 선지자는 반드시 하나님께서 일으킨 자라야 함과 같이 주의

종은 소명을 받은 자라야 하며 자원할 수 없다.

2) 선지자는 백성을 위해 헌신해야 함과 같이 주의 종은 양들을 위해 헌신해야 한다.

3) 선지자가 하나님의 메시지를 가감(加減)하지 않고 전해야 하듯이 주의 종은 하나님의 말씀과 상관없는 자기의 사상이나 철학을 전해서는 안 되며 성도들의 기호에 맞는 말만 전해도 안 된다.

4) 선지자가 하나님의 이름으로 말씀을 선포해야 하듯이 주의 종은 하나님의 영광만을 위해 말씀을 선포해야 한다.

V. 구약 예언의 특징

1. 구약의 예언은 하나님에게서 나왔다.

렘 29:30

_____

_____

겔 16:1

_____

_____

겔 20:2

....

....

2. 구약의 예언은 구속자와 같이 시작했다.

1) 구속자에 대한 원시 복음(첫째 예언)은 하나님이 직접 말씀하
   셨다.

창 3:15

....

....

2) 에녹

유 1:14

....

....

3) 노아

창 9:25~27

....

....

4) 아브라함

창 20:7

5) 모세

모세는 탁월한 예언자이신 예수 그리스도의 모형으로서 하나님
께서 직접 그와 대면하여 말씀하셨다.

신 18:18

신 34:10

6) 사사 시대

하나님의 계시가 희귀했던 사사 시대에도 예언은 있었다.

삼상 3:1

삿 4:4〜7

7) 사무엘 시대

이때는 예언 사역이 왕성했으며 말라기 시대까지 예언이 계속된다.

삼상 10:10

삼상 19:20〜24

3. 구약 예언의 목적은 도덕적이고 영적이다.

특히 아모스, 이사야, 예레미야 등은 심판과 축복에 대한 예언 외에도 사회적 의(義)를 요구하고 정치적 개혁을 촉구하였다.

4. 구약의 예언은 미래에 대한 예언이 많다.

1) 이사야 40~66장
2) 에스겔 40~48장

01

이사야

"그러므로 주께서

친히 징조를 너희에게 주실 것이라

보라 처녀가 잉태하여 아들을 낳을 것이요

그의 이름을 임마누엘이라 하리라"

(사 7:14)

제1장

이사야서 개요

Ⅰ. 개요

1. 저자

A.D. 1780년경부터 몇몇 비평학자들은 본서가 이사야의 단일 저작이 아니라 세 명의 다른 저자가 기록했다고 주장했다. 그러나 본서의 저자가 아모스의 아들 이사야(사 1:1)라는 사실은 유대인들의 전통이나 교회의 전통에서 일반적으로 인정되어 왔으며 본서의 용어, 문체, 사상의 통일성은 이사야가 단일 저자라는 사실을 뒷받침해 준다.

뿐만 아니라 신약 성경의 여러 구절도 이사야가 본서의 단일 저자임을 뒷받침해 준다(마 3:3; 8:17; 12:17~18; 13:14; 15:7~9; 막 1:2; 7:6~7; 눅 3:4~6; 4:17~19; 요 1:23; 12:38~41; 행 8:28, 30, 32; 28:25~27; 롬 9:27, 29; 10:16, 20).

2. 기록 연대

본서가 기록된 시기는 일반적으로 이사야의 활동 시기와 일치하는 것으로 본다. 이사야는 웃시야 왕이 죽던 해인 B.C. 739년경에 예언 활동을 시작하여 (사 6:1) B.C. 701년 앗수르 왕 산헤립의 예루살렘 침공 사건을 겪었으며 히스기야 왕이 죽은 B.C. 687년 이후까지 활동한 것으로 본서에 나타난다.

한편 유대 전승에 의하면 이사야는 B.C. 680년경 므낫세의 우상 숭배에 반대하다가 톱으로 켜 죽임을 당했다고 한다. 따라서 본서의 기록 연대는 B.C. 739~680년경으로 볼 수 있다.

3. 기록 목적

영적으로 타락한 유다 백성이 돌이켜 다시 하나님을 경외하고 신실한 신앙생활을 하도록 하기 위해 기록하였다. 즉, 이사야는 유다 왕국에 환난이 닥치는 근본적인 이유는 백성이 우상을 숭배함으로써 하나님과의 관계가 깨어졌기 때문이라고 했다. 따라서 유다 백성이 참된 번영과 축복을 누리기 위해서는 하나님의 선민(選民)으로서의 거룩한 자세를 회복하고 오직 하나님만 의지해야 한다는 것이다.

4. 특징

1) 이사야서는 다른 예언서들보다 신약 성경에 가장 많이 인용되었으며, 메시아의 오심에 대한 예언도 가장 많이 나온다. 이사야는 이스라엘과 유다 두 왕국이 가장 어려울 때 약 60여 년 동안 예언하였는데, 죄에 대한 심판과 의에 대한 구원 등 이

중 메시지를 전했다. 이사야는 주로 선민들에게 말씀을 전했으나 그의 메시지는 이방인들에게도 해당하는 것이었다.

2) 예수 그리스도에 대한 복음을 명확하게 제시하고 있다 (사 7:14; 9:1~7; 11:1~5; 49:5~7; 52:13~15; 53:1~12; 61:1~3). 특히 이사야 53장은 메시아의 고난과 부활, 그리고 대속적 죽음으로 인한 전인적 구원의 내용을 담고 있다.

3) 예언서들 중 가장 신학적이며 포괄적인 내용을 담고 있다. 즉, 하늘과 땅과 인간을 지으신 하나님 (사 42:5)에 관하여 깨닫게 하며 역사의 종말과 새 하늘과 새 땅 (사 65:17; 66:22)을 내다보고 있다.

4) 유일하신 하나님 (사 43:10~13; 44:6, 8; 45:5, 6, 21), 창조주 하나님 (사 40:26, 42:5, 45:8), 거룩하신 하나님 (사 5:16; 6:3; 17:7; 29:23)을 표현함으로써 하나님의 속성을 보여 준다.

5) 이사야의 두 아들 이름에 이사야서의 특징이 나타나 있다.

(1) 스알야숩

'남은 자가 돌아오리라'라는 뜻으로, 하나님을 저버리지 않고 끝까지 신앙을 지킨 '남은 자'들은 포로에서 귀환할 기회를 얻게 될 것을 의미한다.

사 7:3

----

(2) 마헬살랄하스바스

'노략(擄掠)이 신속하게 이른다'라는 뜻으로, 이스라엘이 머지않은 날 앗수르에 의해 노략질을 당할 것이라는 의미이다.

사 8:3

----

5. 내용 요약

1) 하나님의 심판에 대한 예언(사 1~39장)

이스라엘의 죄 때문에 유다와 예루살렘에 임하는 심판과 선민에게 적의(敵意)를 품은 나라들에 임하는 심판을 말하고 있지만 메시아에 대한 희망의 메시지도 종종 나타난다.

사 9:2

계 22:16

(1) 사 1~12장 : 유다와 예루살렘에 대한 예언

(2) 사 13~27장 : 유다에 적대적인 이방 나라들에 대한 예언

(3) 사 28~35장 : 경고와 약속에 대한 예언

(4) 사 36~39장 : 열왕기하 18~20장에 나오는 히스기야 통치에
    대한 역사적 사건

2) 하나님의 위로(사 40~66장)

각각 9장씩 세 부분으로 되어 있으며 공통된 결론은 악인에게는
평강이 없다는 것이다.

(1) 사 40~48장 : 이스라엘의 구속에 대한 예언

사 48:22

(2) 사 49~57장 : 이스라엘의 구속자 메시아에 관한 예언

사 57:21

(3) 사 58~66장 : 이스라엘의 회복에 관한 예언

사 66:23

이사야서 요약

하나님의 심판에 대한 예언				하나님의 위로		
1~12장	13~27장	28~35장	36~39장	40~48장	49~57장	58~66장
유다 예언	이방 예언	경고와 약속	역사적 사건	구속의 약속	구속의 방법	구속의 성취
하나님의 거룩, 의, 정의				하나님의 은혜, 자비, 영광		

이사야서와 성경 비교

	이사야	성경
구성	66장	66권
구분	• 전반부 (39장) • 심판 • 메시아의 암시와 예언	• 구약 (39권) • 율법 • 메시아의 모형과 예언
	• 후반부 (27장) • 위로 • 메시아가 완전히 드러남	• 신약 (27권) • 은혜 • 메시아가 완전히 드러남

이사야 당시 근동 지방의 역사적 배경

연대 B.C.	팔레스틴		메소포타미아		애굽 (구스)
	유다	이스라엘	앗수르	바벨론	
			살만에셀 3세 (859~824) 팔레스틴 원정 시작, 반앗수르 동맹국과 대항	느부갓네살 1세 (1124~1103) 이후 쇠퇴기, 앗수르의 지배를 받음	제23왕조 (817~730) 쇠약기
800	웃시야 (791~739) 부흥기, 정치, 종교 개혁	여로보암 2세 (793~753)	아닷니라리 3세 (811~782) 쇠퇴기		
760	요담 (750~731) 반앗수르 정책	므나헴 (752~742)	살만에셀 4세 (782~773) 앗술단 3세 (773~754) 앗술니라리 5세 754-745		
740	아하스 (735~716) 친앗수르 정책	베가 (740~732) 다메셋과 반앗수르 동맹	디글랏 빌레셀 3세 (745~727) 회복기, 영토 확장		제24왕조 (730~715) 계속 내란
		호세아 (732~722) 사마리아 함락	살만에셀 5세 (727~722) 사마리아 점령		
720	히스기야 (728~687) 친애굽, 반앗수르 정책, 정치, 종교 개혁		사르곤 2세 (722~705) 정체기	므로발라단 (722~710) 반앗수르 동맹, 앗수르에 점령당함 (710)	제25왕조 (715~664) 전성기, 샤바코의 애굽 통일
700			산헤립 (705~681)	앗수르의 속국	디르하가 (689~663)

연대 B.C.	팔레스틴		메소포타미아		애굽 (구스)
	유다	이스라엘	앗수르	바벨론	
			바벨론에 점령당함		반앗수르 정책
680	므낫세 (697~642) 친앗수르 우상 숭배 장려		앗술바니팔 (669~626) 쇠퇴기, 바벨론에 점령당함	나보폴라살 (625~605) 회복기, 앗수르 점령	제26왕조 (664~525) 느고 2세 이후 쇠퇴
600	시드기야 (597~586) 유다 함락			느부갓네살 (605~562) 부흥기, 니느웨 및 유다 점령	

북 왕국 이스라엘과 남 왕국 유다의 왕과 선지자들

순서	이스라엘 (북 왕국)				유다 (남 왕국)			
	왕	통치	성격	선지자	이름	통치	성격	선지자
1	여로보암	22년	악		르호보암	17년	대개 악	
2	나답	2년	악		아비야	3년	대개 악	
3	바아사	24년	악		아사	41년	선	
4	엘라	2년	악		여호사밧	25년	선	
5	시므리	7일	악		여호람	8년	악	
6	오므리	12일	매우 악		아하시야	1년	악	
7	아합	22년	가장 악	엘리야	아달랴	6년	매우 악	
8	아하시야	2년	악	엘리사	요아스	40년	대개 선	
9	여호람 (요람)	12년	대개 악		아마샤	29년	대개 악	
10	예후	28년	대개 악		웃시야 (아사랴)	52년	선	이사야 / 미가
11	여호아하스	17년	악		요담	16년	선	이사야 / 미가
12	요아스	16년	악	요나	아하스	16년	악	이사야 / 미가
13	여로보암2세	41년	악	아모스	히스기야	29년	매우 선	이사야 / 미가
14	스가랴	6개월	악	호세아	므낫세	55년	매우 악	
15	살룸	1개월	악		아몬	2년	매우 악	나훔
16	므나헴	10년	악		요시야	31년	매우 선	스바냐
17	브가히야	2년	악		여호아하스	석 달	악	하박국 (예레미야)
18	베가	20년	악		여호야김	11년	악	예레미야
19	호세아	9년	악		여호야긴	석 달	악	에스겔
20					시드기야	11년	악	다니엘

B.C. 750년 경의 이스라엘과 유다

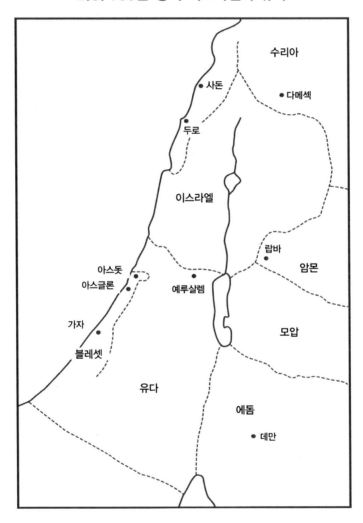

남북 왕조 비교

북 왕국 이스라엘(B.C. 931~722)은 앗수르의 살만에셀 왕에 의해 멸망했으며, 남 왕국 유다(B.C. 931~586)는 바벨론의 느부갓네살 왕에 의해 멸망했다.

4대 선지서 비교

구분	이사야	예레미야	에스겔	다니엘
주제	하나님의 새로운 나라 건설	유다의 패역에 대한 경고	이스라엘을 다시 살리심	하나님의 주권
대상	유다 안에 있는 백성	유다 안에 있는 백성과 포로지에 있는 백성	바벨론의 포로들	유다의 포로들과 이방 백성
기간	B.C. 740~681	B.C. 627~580	B.C. 593~570	B.C. 605~530
주변국	앗수르의 위협	바벨론의 위협과 포로의 상황	바벨론 포로 (일부)	바벨론 포로
종교 상황	의식 영역과 일반적 삶의 총체적 부패	요시야의 개혁이 있었으나 한시적이었고 다시 우상 숭배를 함	불순종과 반역	하나님의 주권을 불신함

II. 이사야의 생애와 소명

1. 생애

1) '이사야 (ישעיהו, 예사야)란 이름은 '야훼는 구원이시다'라는 뜻이 있는데, 이는 유대에서 비교적 흔한 이름이라고 할 수 있

다 (대상 3:21; 25:3, 15; 26:25; 스 8:7, 19; 느 11:7).

2) 이사야는 B.C. 760년경 아모스의 아들로 예루살렘에서 태어나 그곳에서 성장하였으며 (사 1:1), 20세 초에 선지자의 소명을 받고 히스기야 왕 14년까지 살면서 선지자로 활동하였다.

사 1:1

---

3) 이사야는 호세아, 미가 선지자 등과 동시대 사람으로 알려져 있으며, 전설에 의하면 므낫세 왕 시대에 순교했다고 전해진다 (왕하 21:16; 히 11:37).

왕하 21:16

---

4) 이사야는 귀족 출신으로서 왕과 더불어 국사를 논의하였던 것으로 여겨진다 (사 7장). 그는 정치적 식견 (識見)이 풍부하고, 통찰력이 뛰어나며, 품위 있는 성품의 소유자로서 왕들로부터 존경을 받은 것으로 여겨진다.

5) 이사야는 적어도 두 자녀 (스알야숩, 마헬살랄하스바스)를 두었는데 (사 7:3; 8:3), 호세아와 같이 이사야의 가정도 예언 사역에 포함되어 있었다.

6) 그는 정치적으로 매우 혼란한 시대에 사역하였으며 옛 예루살렘을 사랑했으나 동시에 새 예루살렘을 고대하였다.

2. 소명

이사야는 젊은 시절에 부르심을 받았는데 (사 6장) 그가 모진 박해와 질시 속에서도 60여 년 동안 사역할 수 있었던 신앙의 원동력은 그의 소명에 잘 나타나 있다.

1) 하나님의 부르심

(1) 이사야는 웃시야 왕이 죽던 해에 부르심을 받았다. 유다 웃시야 왕은 52년간 다스렸는데, 이때는 유다의 황금기로 솔로몬 이후 최대의 번영을 누렸으며 인구도 증가하여 성벽 밖으로 넘쳐나게 되었다.

대하 26:10

(2) 외적으로 태평성대(太平聖代)요, 하나님의 약속을 굳게 믿은 신뢰의 시대였는데 웃시야 왕이 죽었기 때문에 유다에 소망이 사라진 것이다. 실제로 웃시야 왕이 죽은 후로 유다의 국력은 쇠퇴하기 시작했다. 이처럼 이사야는 모든 것이 한계에 부딪쳤을 때 부르심을 받았다.

2) 부르심에 대한 응답

(1) 하나님의 부르심에 대한 응답은 순종이어야 하는데, 이사야는 하나님의 부르심에 즉시 순종함으로써 응답했다.

사 6:8

(2) 이사야의 결단은 자원하는 마음에서 나왔다. 그러나 그의 소명은 자의에서 출발한 것이 아니다. 하나님은 지원자를 사용하시지 않는다. 다만 궁극적 관심이 하나님께 있고 부르심을 확신하는 자에게는 자발적인 결단과 헌신을 요구하신다.

빌 2:13

3) 부르심의 종류

(1) 구원을 위한 부르심

성도는 누구나 구원을 위한 하나님의 부르심을 받았지만 사도나 선지자 등의 직분적 부르심은 모든 성도에게 있는 것이 아니다.

롬 1:6~7

_____

_____

(2) 직무 수행을 위한 직분적 부르심

아브라함, 모세, 이사야, 예레미야, 바울 등 하나님의 종들은 모두 소명을 받고 그 직무를 수행하였다.

① 아브라함

창 12:1~3

_____

_____

② 모세

출 3:10

사 41:14

고전 1:27~29

---

③ 예레미야

렘 1:4~8

---

④ 바울

행 9:1~5

행 9:15

_____

_____

롬 1:1~5

_____

_____

이사야의 사역 연대표

739	732	722	715	713	701	686
	다메섹 멸망		사마리아 멸망			
요담 (750~731)		아하스	히스기야			
		(735~715)	(729~686)			
		웃시야 사망				
		이사야의 사역 시기				
(739~734)	(734~732)		713~711		705~701	
		앗수르의 왕들:				
디글랏 빌레셀 3세		살만에셀 5세	사르곤 2세		산헤립	
(745~727)		(727~722)	(722~705)		(705~681)	

디글랏 빌레셀 3세 시대의 앗수르 행정 구역 (B.C. 732년)

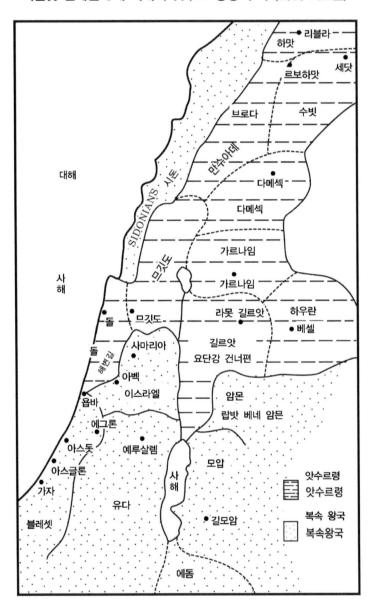

III. 이사야의 예언

1. 메시아에 대한 예언

1) 가문

사 11:1

사 11:10

2) 탄생

사 7:14

사 9:6

3) 유아(幼兒) 시절

사 7:15

4) 기름 부음을 받으심

사 11:2

행 10:38

5) 성격

사 11:3~4

사 42:1~4

6) 사명

사 61:1~3

7) 고난

사 50:6

사 53:3~7

8) 죽으심

사 53:8

9) 장사(葬事)

사 53:9

10) 부활

사 25:8

11) 승천

사 52:13

12) 현재의 대제사장의 직분

사 52:12

히 7:24~25

13) 미래의 영광

사 66:15~19

2. 성령에 대한 예언

1) 메시아 위에 강림하심

사 11:2

사 42:1

사 61:1

2) 만민에게 강림하심

사 32:15

사 44:3

사 59:21

3) 성령의 전지성

사 40:13

4) 성령의 능력

사 59:19

5) 성령의 인격성

사 63:10

3. 기타 예언

1) 평화에 대한 예언

사 2:4

사 11:9

사 14:7

2) 복 있는 사람에 대한 예언

사 30:18

사 32:20

사 56:2

----

3) 앗수르 왕 산헤립의 멸망에 대한 예언

사 37:29

----

4) 히스기야 왕의 생명 연장에 대한 예언

사 38:5

----

5) 이스라엘의 구원에 대한 예언

사 43:1~7

----

6) 만민 초청에 대한 예언

사 55:1~5

7) 삼위일체에 대한 암시

사 6:3

이 밖에도 영원한 반석(사 26:4), 심판(사 33:14), 기쁨(사 35:10), 구원(사 45:17), 자비(사 54:8), 언약(사 55:3) 등에 대한 예언이 있다.

제2장

이사야서 중심 사상

Ⅰ. 야훼의 주권 사상

이사야는 야훼 하나님만이 인류의 역사를 주관하시고 섭리하시는 유일한 참신이심을 증거했다.

1. 강대국의 우상을 섬긴 약소국

고대 근동 국가들은 각기 수호신(守護神)을 섬겼다. 그들은 나라의 부강함은 오직 수호신의 권능에 달려 있다고 믿었다. 그렇기 때문에 약소국들은 종종 강대국의 우상을 섬겼다. 이스라엘도 예외가아니었는데 특히 아하스 왕은 당시 최대 강국인 앗수르의 우상을들여와 섬겼다.

왕하 16:10

대하 28:23~25

2. 참신이신 야훼

사람의 손으로 만든 우상은 생명이 없는 피조물에 지나지 않으며 오직 우주 만물을 창조하시고 주관하시는 야훼만이 참신이시다.

사 46:1~2

사 42:17

사 44:6

3. 절대 주권자이신 야훼

인류의 역사는 야훼의 주권적인 섭리에 의해 운행되고 있으며 인류에 대한 심판과 구원도 야훼의 절대 주권에 달렸다.

1) 하나님께서는 세상 나라들을 좌지우지(左之右之)하려 함으로
   써 세계와 역사에 대한 하나님의 절대 주권에 도전한 앗수르
   를 심판하실 것이라고 말씀하셨다.

   사 10:5∼19

   ....

   ....

2) 하나님께서는 선민인 이스라엘을 바벨론 포로 생활에서 해방
   시켜 구원하시겠다고 약속하셨다.

   사 48:12∼22

   ....

   ....

3) 창조주 하나님은 지혜와 권능이 탁월하신 분으로서 이 세상의
   어떤 존재보다 월등하시다.

   사 40:12∼18

   ....

   ....

II. 거룩하신 하나님 사상

이사야는 하나님이 죄악된 인간의 존재와는 근본적으로 구별된 거룩한 분이심을 나타내기 위해 약 28회에 걸쳐 '이스라엘의 거룩한 자'라는 칭호를 사용했다 (사 5:19, 24; 10:20; 30:15). 이사야의 하나님 체험(사 6:1~7)은 그의 예언 활동의 동기와 예언의 핵심 형성에 결정적 영향을 끼쳤다. 이사야가 느낀 하나님의 품성은 거룩하심과 위엄(威嚴)이다.

1. 하나님의 거룩하심

1) 거룩의 개념

'거룩하다'라는 말은 '분리', '구별'을 의미한다. 거룩한 자는 다른 모든 존재와 질적으로 다르기 때문에 같이 섞일 수가 없다. 따라서 하나님은 모든 피조물과 격리된 초월자이시다.

2) 거룩 앞에서의 인간

(1) 하나님의 거룩 앞에서 인간은 철저히 무기력하고, 불완전하며, 부패하고, 죄악된 존재이다.

(2) 이사야는 하나님의 거룩함 앞에서 죄인 된 자신의 모습을 보고 탄식하면서 '망하게 되었다'라고 절망적으로 외쳤다.

사 6:5

....

....

3) 거룩함에의 접근

(1) 거룩하신 하나님과 죄로 더러워진 인간이 만나기 위해서는
    중재자가 필요하다. 이사야가 자기 죄를 고백했을 때 하나님
    께서는 스랍을 보내셔서 제단의 숯불로 그를 정결하게 하셨
    다. 하나님만이 우리를 깨끗하게 하실 수 있다.

사 6:6~7

....

....

요일 1:8~9

....

....

(2) 이사야를 정결하게 하신 하나님께서는 예수 그리스도를 통하여 죄
    에 빠진 인간이 하나님께로 접근할 수 있는 길을 열어 놓으셨다.

히 10:19~20

....

....

2. 하나님의 위엄

1) 왕이신 하나님

(1) 이스라엘의 거룩하신 하나님은 세계 만민을 다스리시는 권능
과 능력의 왕이시다.

(2) 이사야가 하나님을 만난 때는 '웃시야 왕이 죽던 해'였다. 웃
시야는 유다의 강력한 영도자(領導者)로서 백성의 정신적 지
주였다. 따라서 앗수르의 위협 앞에서 유능한 왕을 잃은 백
성의 충격이 컸는데 이와 같은 때에 이사야는 '내가 왕을 뵈
었다'라고 선포하였다.

사 6:5

(3) 이사야가 '내가 왕을 뵈었다'라고 선포한 것은 백성이 의지할
왕은 정치적인 왕이 아니라 참 왕이신 만군의 야훼임을 암시한
다. '만군의 야훼'는 '군대들의 하나님'이라는 뜻으로 이사야가
가장 좋아하는 하나님의 이름이며 65회 이상 사용되었다. 야훼
는 전쟁의 하나님이시며 적을 무찌르시는 만왕의 왕이시다.

사 24:23

사 28:5

2) 역사의 주관자이신 하나님

(1) 이스라엘의 거룩하신 자의 엄위는 그의 지배력과 통치력에서
나타난다. 하나님이 역사의 주관자이심은 앗수르에 대한 심
판을 선포한 것에 잘 나타나 있다 (사 10:12~19). 당시 강대
국인 앗수르는 유다에게 위협적인 존재였다. 그러나 이사야
는, 앗수르는 하나님의 도구에 불과하며 하나님께서는 앗수
르의 교만을 벌한다는 '역사관'을 가지고 있었다.

사 10:12~19

(2) 이사야는 하나님이 주권자라는 사실과 하나님의 도구로 사용된
국가도 하나님의 심판 아래 있다는 것을 강조하였다. 뿐만 아
니라 이사야는 애굽을 의지하는 자들을 엄하게 책망하였는데,
이는 아무리 위급한 상황에서도 하나님이 유일한 소망이요 힘
이심을 강조한 것이다.

사 31:1

(3) 이사야는 '역사의 주관자이신 하나님'을 신뢰하면 의(義)의 승리와 평화를 보장받는다고 선포했다.

사 32:17

사 33:22

(4) 이사야는 하나님의 거룩하심은 그의 통치가 선하시고 의로우심에서 나타남을 선포했다.

사 5:16

이사야가 인식한 하나님은 거룩하신 하나님으로서 그 절대성과 엄위하심으로 온 세계를 다스리고 주관하시는 왕이었다.

III. 야훼 신앙 사상

이사야는 '신앙의 예언자'로 불리는데, 이는 그가 거룩하신 하나님 앞에서 사람이 취할 태도는 '믿음'이라는 것을 강조했기 때문이다.

1. 믿음의 의미

1) 이사야에게 있어서 '믿음'이란 거룩하고 엄위하신 하나님을 지각하고, 인정하고, 신뢰하고, 복종하는 포괄적인 삶의 태도를 의미한다. 따라서 그는 정치적, 경제적, 군사적 힘 등 인간의 능력과 지혜에 의존하는 것을 단호히 배격했다.

2) 이사야에게 있어서 '죄'는 '믿음'의 반대말이다. 즉, 하나님께 대한 불신앙은 죄인 것이다. 따라서 그는 인간 자신이나 부정, 탐욕, 허영, 사치, 정치, 권력 등에 의존하는 것을 배격하고 이스라엘이 강대국과 군사동맹을 맺고 의존하는 것을 규탄했다.

3) 이사야는 잠잠히 하나님만 바라보는 것이 '믿음'이라고 강조했다.

사 7:4

사 22:11

사 30:15

4) 이사야는 어떤 경우라도 당황하지 않는 '요지부동의 신앙'을
강조했다.

사 28:16

사 43:2

5) 이사야는 '하나님만 두려워하라'라고 말했다.

사 8:13

사 41:10

....

....

2. 믿음의 행동

1) 이사야가 하나님만 바라고 두려워하지 말라고 한 것은 하나님
   의 도우심과 정의의 승리를 확신했기 때문이다. 하나님의 능
   력은 의를 믿고 하나님 뜻에 순종하는 데서 나타난다.

사 7:9

....

....

2) 이사야는 하나님이 역사를 주관하신다는 확신을 가지고 있었다.

사 9:7

....

....

교회가 일시적 안전을 얻기 위해 세상 권력과 타협하면 영적인
권위를 상실하게 된다. 그러나 잠잠히 하나님만 바라고 기다리면
하나님께서 반드시 의의 승리를 얻게 하신다.

IV. 메시아 사상

구약의 선지자들은 메시아가 겸손하게 오시는 것 (초림)과 영광 중에 오시는 것 (재림)을 보았으나 그 두 사건들 사이에 있는 기간 즉, 교회 시대는 보지 못했지만 그 시대를 넘어 미래를 바라보았다.

벧전 1:10~12

이사야는 북 왕국 이스라엘과 수리아가 유다를 침략할 때가 임박했음을 예언하며 어떤 일들이 일어날지 정확하게 말했다.

1. 초림에 대한 예언

1) 당시 앗수르는 점점 강대해져서 다른 나라들을 위협하고 있었다. 그래서 이스라엘과 수리아는 군대를 연합하여 스스로의 힘으로 공격하려 하였다. 그들은 유다가 자기편이 되기를 원했으나 유다는 동조하지 않았다. 유다 왕 아하스는 은밀히 앗수르와 거래하여 그를 보호해 줄 것을 요청하였다.

왕하 16:1~9

---

2) 결국 수리아와 이스라엘이 유다를 공격하려고 하였고 유다 백성은 피할 길이 없는 상황 속에서 심히 당황하고 놀랐다. 그때 이사야는 아하스 왕에게 희망과 신뢰의 메시지를 전하였다. 그리고 아하스 왕에게 징조를 구하라고 하였다. 그러나 아하스 왕은 하나님으로부터 오는 징조를 받아들이기를 거절했다.

3) 그런데도 하나님은 다윗의 집에 징조를 보이셨는데 이 징조는 예수 그리스도의 출생으로 성취되었다.

사 11:1~3

....

....

마 1:23

....

....

(1) 이스라엘은 나무가 찍히듯 베어 버림을 당하여 그루터기만 남았다. 그런데 그리스도께서 백성을 구하시려고 그 그루터기로부터 오신다.

사 6:13

....

....

(2) 예수 그리스도는 다윗의 법적인 자손이며 한 사람의 유대인
으로 유다의 '뿌리'에서 나셨다. 그리스도는 '야훼의 싹' (사
4:2), '의로운 가지' (렘 23:5), '내 종 싹' (슥 3:8), '순이라 이
름 하는 사람' (슥 2:12) 등으로 묘사되어 있다.

사 복음서에 나타난 '가지' (예수 그리스도)

마태복음: '다윗에게서 난 의로운 가지' (렘 23:5)
마가복음: '내 종 싹' (슥 3:8)
누가복음: '싹이라 이름 하는 사람' (슥 6:12)
요한복음: '야훼의 싹' (사 4:2)

---

2. 사역에 대한 예언

1) 메시아의 사역지인 스불론과 납달리 땅은 갈릴리 지역인데 이
지역은 앗수르가 이스라엘을 침공했을 때 가장 고난을 많이
당했다. 그러나 그곳은 결국 메시아의 빛을 보며 즐거워할 것
이다.

사 9:1~2

2) 메시아는 예루살렘에서 통치하실 것이며 그때 완전한 평화가
임할 것이다.

사 9:6~7

....

....

3) 그리스도의 지상 사역에 성령께서 능력을 주실 것이다.

사 11:2

....

....

요 3:34

....

....

행 10:38

....

....

3. 심판에 대한 예언

1) 이사야는 북 왕국 이스라엘을 향해 '앗수르가 그들에게로 와
   서 그들을 완전히 패망시킬 것'이라고 경고했다.

사 7:17

_____

_____

2) 이스라엘은 축복 대신 패망하게 될 것인데 그때 '징조의 아이'인 '마헬살랄하스바스'가 태어날 것이다. '마헬살랄하스바스'란 '노략질하기에 빠름', '서둘러 빼앗음'이란 의미가 있는데, 이는 사마리아와 수리아가 패망할 것을 강조한 이름이다.

사 8:1∼4

_____

_____

3) 이스라엘은 수리아 (다메섹)와 연맹 (聯盟) 하였지만 앗수르로부터 자신을 방어할 수 없었다. 그들은 야훼께서 그들의 안전한 바위가 되어 주시도록 해야 했다.

4) 이사야는 임박한 재난을 경고하면서 (사 9:8∼10:34) 앗수르도 자신의 승리를 자랑하지 말라고 경고했다. 왜냐하면 앗수르도 하나님의 도구에 불과하기 때문이다.

5) 이사야의 '하나님의 심판'에 대한 예언은 장차 '그리스도의 심판'을 상징한다. 앗수르는 사탄의 상징으로써 하나님이 앗수르를 심판하신 것처럼 예수님은 사탄을 심판하실 것이다 (계 19장).

4. 통치에 대한 예언

1) 이사야는 그리스도께서 통치하실 때 세우실 영광스러운 왕국을 예언했다.

사 11:4

2) 그리스도께서 통치하실 때는 죄가 사라지고 자연은 회복될 것이며 (롬 8:18~25) 더 이상 저주와 폭력과 전쟁이 없고 땅은 야훼에 대한 지식으로 충만할 것이다 (합 2:14).

사 11:6~9

합 2:14

이사야의 중심 사상은 그가 하나님을 체험한 것을 근거로 한다. 그가 만난 하나님은 거룩하신 분으로서 하나님의 거룩하심은 모든 피조물을 지배하시고 심판하시는 그의 무한한 엄위를 나타낸다. 이사야는 바로 이러한 하나님을 믿었다. 그래서 그는 잠잠히 하나님만 바라보았으며 역사를 주관하시는 하나님께 모든 것을 맡기고 최후 의의 승리를 굳게 믿었다.

이사야는 이 같은 믿음을 강조했지만 그의 말을 청종한 사람은 '소수의 무리'였다. 그러나 그는 '소수의 남은 무리'에게 소망을 두었다. 그들은 참된 신앙을 끝까지 견지할 것이며 그들 속에서 메시아가 나올 것인데 메시아가 오시면 다시는 상함도 해함도 없는 아름다운 세계가 이룩될 것이다. 이사야는 암담한 현실에서도 한 줄기 밝은 빛을 보고 그 빛을 따라 살면서 이를 선포하였던 것이다.

V. 남은 자 사상

이사야는 하나님을 경외하는 소수의 의로운 무리를 '남은 자'(The remnant)라고 불렀다.

1. 다수의 거절

1) 이사야의 예언에도 불구하고 아하스 왕과 위정자들은 앗수르와 동맹을 맺었고 그 대가로 야훼의 성전과 왕궁 곳간에 있는 은금을 앗수르 왕에게 예물로 보냈다.

왕하 16:7-8

2) 이사야는 아하스 왕에 대한 호소가 실패로 돌아가자 그의 관
심을 유다 백성에게 돌렸지만 그들에게서도 호응을 얻지 못했
다. 백성도 정의보다 군사력을 의지했고 하나님의 권능보다 외
교능력을 더 중히 여겼다. 그래서 이사야는 백성을 책망했다.

사 30:15

많은 사람이 세상의 변화에 따라 자신의 신앙생활도 변화시킨다. 따
라서 '변하지 않는 하나님의 말씀'을 전할 때 많은 사람이 거절한다.

2. 소수의 남은 자

1) 다수의 불신자들은 하나님의 심판을 받아 멸망하고 소수의 거룩
한 무리가 남는다. 하나님의 심판은 하나님의 거룩성을 나타내
는 행위이며 인간을 부정과 부패로부터 깨끗하게 하는 정화작용
이다. 민족적 파멸 다음에는 깨끗한 '소수의 무리'만 남는다.

2) 이사야는 아무리 세상이 부패하고 세상 사람들이 타락할지라도
언제나 신앙을 지키는 '소수의 무리'는 남는다고 확신하였다.

사 1:25

사 6:13

사 27:2~3

이사야와는 달리 엘리야는 자기만 홀로 남았다고 생각했다. 그러나 하나님께서는 이스라엘 가운데 7천 명을 남겨 두었다고 말씀하셨다. 세상이 아무리 험악해도 하나님을 경외하는 무리는 남는다.

왕상 18:22

왕상 19:18

롬 11:1~5

_____

_____

3. 남은 자의 구원

1) 왕과 백성은 죄와 불신앙 가운데 빠졌지만 '남은 자'들은 신실하였
   다. 하나님은 의로운 남은 자들을 큰 환난에서 구원하실 것이다.

사 10:20~23

_____

_____

마 10:22

_____

_____

마 24:10~13

_____

_____

히 3:6

_____

_____

계 2:10

_____

_____

2) 남은 자 가운데서 메시아가 나올 것이다.

사 11:1~2

_____

_____

3) 소수의 남은 자가 '메시아 왕국'의 핵심이 될 것이다.

사 2:1~2

_____

_____

사 4:2

_____

_____

4) 이 '메시아 왕국'의 대망은 보다 높은 차원의 신앙으로 승화
   되었다. 남은 자들은 어떤 역경 속에서도 믿음을 지켜 구원을
   받을 것인데 나라가 멸망하여 흩어질지라도 이들은 돌아와 하
   나님을 섬기게 될 것이다.

5) 이사야는 이 '소수의 무리'에 소망을 두었고 또 그들 중에서 나타나게 될 메시아에 기대를 걸었다.

제3장

고난의 종

Ⅰ. 종에 대한 개요

예언자 시대에 나타난 '약속'의 가장 두드러진 특징은 '주의 종'에 대한 이사야의 교훈이었다.

이사야는 '종'을 '자손'(사 41:8; 43:5; 44:3; 45:19, 25; 48:19; 53:10; 54:3; 59:21; 61:9; 65:9, 23; 66:22), '언약'(사 42:6; 49:8; 54:10; 55:3; 56:4, 6; 59:21; 61:8), '아브라함'(사 41:8; 51:2; 63:16), '야곱'(사 41:21; 49:26; 60:16), '다윗', '영원한 언약'(사 55:3; 61:8)과도 결부시켰다.

왜냐하면 옛 약속에서의 '자손'과 마찬가지로 '종'이란 약속을 받아들이는 모든 이스라엘 사람과 같다고 생각되는 집합적인 용어였기 때문이다. 종이란 용어는 이사야 41:8부터 53:11까지 약 20회 나타난다.

1. 종의 개념

1) '종'이란 말은 이스라엘과 동일시된다 (사 41:8~9). 하나님께서는 아브라함을 부르실 때 이스라엘 백성이 열국 위에 뛰어난 나라가 될 것을 약속하셨다.

사 41:8~9

2) 그러나 이스라엘이 불순종했기 때문에(사 42:19) 심판을 받게
되지만 아주 버리시지는 않기 때문에(사 44:1, 2, 21) 고레스
시대에 바벨론 포로에서 돌아올 것이다.

사 44:21

사 48:20

3) 하나님의 영(靈)을 부여받은 한 사람(사 42:1~4)이 열방에
공의를 세우고 그의 법을 확장하게 될 것인데, 그는 실패한
이스라엘과는 달리 하나님의 목적을 완수할 것이다.

사 42:1~4

집단으로서 '종'과 개인으로서 '종'의 공통점과 차이점

공통점

공통 내용	집 단	개 인
1. 야훼께서 택하셨다.	41:8, 9; 43:10; 44:1, 45:4; 49:7	42:1
2. 야훼께서 모태에서부터 지으셨다.	44:2, 21, 24	49:1, 5
3. 야훼께서 도와주고 붙들어 주신다.	41:10; 42:6	42:1
4. 야훼의 손 그늘로 덮어 주신다.	51:16	49:2
5. 야훼의 영을 받은 자	44:3	42:1
6. 야훼의 눈에 보배롭고 존귀하다.	43:4	49:5
7. 이방의 빛이다.	42:6; 51:4	49:6
8. 세상에 정의를 세운다.	42:21, 24; 51:4~8	42:4
9. 야훼의 영광을 나타낸다.	44:23	49:3; 53:10

차이점

집 단	개 인
1. 낙망한다. (40:27; 41:8~10; 49:14)	1. 낙망하지 않는다. (42:4; 50:7~9)
2. 범죄하고 하나님을 배반한다. (43:27; 48:4)	2. 하나님을 거역하지 않는다. (50:5; 53:4~6; 12)
3. 눈과 귀가 멀었다. (42:18~25)	3. 학자들의 혀와 귀를 가졌다. (50:4, 5)
4. 불평이 많다. (41:11~13; 51:21~23)	4. 묵묵히 고난을 감수한다. (50:6; 53:4~9)
5. 자신의 죄 때문에 고통을 받는다. (42:24~25; 43:22~28; 47:6; 50:1)	5. 다른 사람의 죄 때문에 고통을 당한다. (53장)
6. 구속받을 대상이다. (43:1~7)	6. 이스라엘을 구속하실 분이다. (49:5)

2. 종의 고난

1) 고난의 필요성

(1) 실패한 이스라엘에게는 구원이 필요하다. 이스라엘의 죄에 대한 속죄가 베풀어져야 한다 (사 44:2). 이것을 이루기 위해 이상적인 종 (사 49:1~6)이 택함을 받았는데, 그는 이스라엘에게만 구원을 주는 것이 아니라 이방에게도 빛을 비춰 줄 것이다.

사 49:5~6

....

....

(2) 이 종은 만방을 그 앞에 꿇게 할 것인데 (사 9:2~7; 49:7) 그 일을 이루기 위해서는 먼저 '속죄의 제사'를 드려야 하므로 '고난의 종'이 될 것이다.

요 12:32

....

....

롬 3:25~26

....

....

(3) 그러나 다음의 구절에 나타나는 소망의 메시지는 포로로부터의
  구원이 아니고 고난의 종을 통해 죄로부터 구원받을 수 있도록
  하시는 하나님의 은혜 베푸심을 말해 준다 (사 52:13~53:12).

사 53:10~11

(4) 그런데 이러한 현실적, 영적인 두 가지 의미를 내포하는 고난
  을 통한 구원은 너무 오묘한 것으로서 깨어 있지 않으면 깨
  달을 수 없다.

행 3:17~18

고전 2:8~9

벧전 1:10~12

3. 종의 승리

1) 하나님의 종은 백성의 죄를 위해 죽임을 당할 것이나 승리할 것이다 (사 52:13~15). 종이 승리 가운데 시온으로 돌아올 때 열방과 열왕들은 놀랄 것이다.

사 52:13~15

2) 종은 마른 땅에서 나온 뿌리처럼 흠모할 만한 것이 없어서 멸시와 배척을 받고 도살될 양처럼 끌려갔다. 그러나 그를 통해 많은 사람이 의를 얻게 되고 이 종은 존귀한 자, 강한 자와 함께 승리를 누리게 된다.

사 53:10~12

3) 하나님께서는 열매 없고 메마른 땅으로부터 번영의 백성을 열매 맺으실 것이다.

사 54:1~3

4) 이스라엘은 심판을 받아 버림을 받은 것 같았지만 패망하지
   않고 다시 의(義)에 서게 될 것이며 이방인들도 주님과 연합
   하게 될 것이다. 그리고 성전은 만민이 기도하는 집이 될 것
   이다.

사 56:7

II. 이사야 53장에 나타난 고난의 종

이사야 53장의 고난의 종에 대한 예언은 이사야 52:13~15에서
부터 시작된다.

사 52:13~15

구약의 예언자들은 그리스도가 고난을 당하기 위해 오심과 높임
을 받고 다스리기 위해 오시는 종 사이에 기간(교회 시대)이 있다
는 것은 깨닫지 못했다.

벧전 1:10~11

주님께서 초림하셨을 때는 팔레스타인에 있는 소수의 사람들이 깜짝 놀랐다. 그러나 그가 재림하실 때는 온 세상이 깜짝 놀라게 될 것이다.

1. 간고의 메시아(사 53:1~3)

1) 메시아에 대한 불신앙(사 53:1)

(1) '우리' : 예언자 자신을 포함한 이스라엘을 의미한다.

(2) '전한 것' : 사람에게 들려지는 말씀으로서 이 말씀은 야훼로
부터 온 것이고 예언자와 사람들에게 주는 종(메시아)에 관
한 계시이다(사 42:1~4; 49:1~6; 50:4~9).

(3) '누가 믿었느뇨' : 이스라엘이 하나님의 말씀을 받아들이지
않았음을 의미한다. 따라서 이 소식은 이방인에게 전해졌고
그들은 믿음으로 받아들였다. 그러나 이스라엘도 마침내 이
를 깨닫게 된다.

슥 12:10

롬 11:25~27

2) 메시아의 내력(사 53:2)

(1) '주 앞에서 자라나기를' : 메시아는 하나님의 도우심만 받고 세상의 도움을 받지 않는다는 뜻이다. 예수님은 사람들에게서는 배척을 받으셨으나 하나님 앞에서 사신 분이었다.

벧전 2:4

(2) '연한 순 같고' : 세상에서 얼마든지 핍박을 받을 수 있는 처지를 말한다. 즉, 예수님은 사람들의 눈에 아무 가치나 중요성도 없는 연한 순들 중의 하나처럼 보였던 것이다.

(3) '마른 땅' : '종의 낮고 천한 생의 시작을 강조한 것이다. 예수님은 비옥한 레바논의 땅에서 자라나는 백향목과 같이 크고 훌륭한 나무에 비유되지 않고 오히려 황폐한 땅에서 나온 연한 순과 줄기에 비유되었다.

(4) '흠모할 만한 아름다운 것이 없도다' : 인간의 육안으로 보기에는 보잘것없었다는 의미이다.

3) 메시아의 생애(사 53:3)

(1) '멸시를 받아서' : 사람들에게 업신여김을 받고 싫어 버린 바가 된 것을 뜻한다.

(2) '간고' : 병으로 인한 고통과 슬픔을 의미한다.

(3) '질고를 아는 자라' : '질고'는 문자적으로 질병을 뜻하지만 질고를 안다는 것은 인생의 고통을 체휼(體恤)하신다는 뜻이다.

마 8:17

⋯⋯⋯⋯⋯⋯⋯⋯⋯⋯⋯⋯⋯⋯⋯⋯⋯⋯⋯⋯⋯⋯⋯⋯⋯

⋯⋯⋯⋯⋯⋯⋯⋯⋯⋯⋯⋯⋯⋯⋯⋯⋯⋯⋯⋯⋯⋯⋯⋯⋯

(4) '사람들에게 얼굴을 가리고 보지 않음을 받는 자 같아서' : 사람들이 불쾌감과 혐오감을 느껴서 얼굴을 가리고 보지 않는다는 뜻이다. 이를 통해 예수님의 생애가 어떠했다는 것을 알 수 있다. 사람들은 예수님을 멸시했으며 가치 없고 아무것도 아닌 것으로 간주해 버렸던 것이다.

2. 구속의 메시아(사 53:4~6)

사 53:4~6

....

....

1) 고난의 이유

죄인들을 대신하여 죽으심으로 죄인들로 의를 얻게 하시기 위함이다.

고후 5:21

....

....

벧전 2:24

....

....

(1) 육체적 고통

① 찔림 : 십자가에 못 박혀 죽으심을 의미한다 (슥 12:10; 요 19:37).

② 상함 : 죄의 짐으로 고통을 당하신 것을 말한다.

③ 징계를 받으심 : 법을 어긴 자처럼 채찍에 맞는 징벌을 당하

였음을 말한다.

(2) 영적인 고난

① 우리의 허물(사 53:5, 8) : 우리의 반역 즉, 하나님의 법을 고의로 어긴 것을 말한다.

② 우리의 죄악(사 53:5, 6) : 우리 본성이 비뚤어진 것을 의미한다.

③ 우리의 질고와 슬픔(사 53:4) : 재난과 죄로 인해 불행한 결과를 가져오게 된 것을 말한다.

2) 질병의 구속

사 53:4~5

----

(1) 종이 짊어진 질고와 간고는 그의 것이 아니라 우리의 것이었다. 죄와 질고와 슬픔의 고통에서 해방하여 주시기 위해 의로우신 한 분이 의(義)가 전혀 없는 많은 사람의 질병과 질고를 대신 지신 것이다.

마 8:17

----

(2) 거룩하신 분이 하나님의 공의에 복종하여 고난을 받으심으로
치유의 원천이 되셨다.

(3) '질병'은 히브리어로 '코올리' (신 7:15; 28:61; 왕상 17:17; 왕
하 1:2 등)로서 이사야 53:3∼4에는 '질고'라고 번역되었다.
또 히브리어 '마크오브' (욥 14:22; 33:19)는 고통과 아픔이라
는 뜻인데, 이사야 53:3에는 '간고'로 번역되었다.

사 53:3∼4

(4) 질병의 근본은 인간의 죄와 허물로부터 온다. 따라서 질고와
죄를 모두 대속했다는 것은 죄와 그 결과를 모두 대속했다는
것을 의미한다.

벧전 2:24

3) 죄악의 구속

사 53:5

(1) 그가 찔리고 상함으로 우리의 허물과 죄악이 대속함을 받고 하나님과 화목을 누리게 되었다.

고후 5:14

고후 5:18

(2) 그는 우리의 평화를 위해 '징계'를 받았다.

우리는 하나님의 법을 어겼으므로 평화를 누릴 수 없었다. 우리가 평화를 누리기 위해서는 우리의 죄에 대한 징계를 받아야만 한다. 그래서 그가 우리 대신 징계를 받은 것이다.

3. 침묵의 메시아 (사 53:7~9)

사 53:7~9

....

....

1) 선지자적 침묵

(1) 선지자는 하나님의 나라를 선포하며 하나님의 뜻을 백성에게
계시하는 의무가 있었다. 그는 은밀히 말하지 않고 공개적으
로 하나님의 말씀을 선포하였으며 그 입에 궤사가 없었다.

요 18:20~21

....

....

(2) 그러나 그에게 맡겨진 선포 사역을 다 이룬 그는 이제 더 이
상 말할 필요가 없었다. 그것은 구차한 변명으로 들릴 뿐 선
지자의 선포가 아니기 때문이었다. 그는 도살장으로 끌려가
는 어린양같이 잠잠했고 갖은 곤욕과 심문을 당하면서도 말
이 없었다.

(3) 예로부터 선지자들은 수없는 핍박과 조롱을 당했다. 어떤 이
들은 희롱과 채찍질뿐 아니라 결박과 옥에 갇히는 시험도 받
았으며 돌로 치는 것과 톱으로 켜는 것과 시험과 칼에 죽는

것을 당하고 양과 염소의 가죽을 입고 유리하여 궁핍과 환난과 학대를 받았다 (히 11:36~37). 그러나 그들은 구차히 변명하지 않았고 타협하지 않았다. 그것은 더 좋은 부활을 소망하고 신뢰하였기 때문이다.

(4) 고난의 종은 곤욕과 심문 속에서도 선지자적 침묵을 지켰다. 그는 앞날의 영광을 내다보고 있었기 때문이다.

히 12:2

------

2) 왕적 침묵

(1) 왕으로서 야훼의 종은 하나님의 영광이나 구원의 목적을 위하여 천지에 있는 만물을 지배하는 능력이 있었다. 그의 왕국은 영적이며 불가시적이지만 마지막 날에는 이 세상에 완전히 이루어지게 될 것이다.

(2) 왕은 백성을 지배할 뿐 아니라 그 백성을 돌보아 준다. 메시아는 그의 백성을 사탄의 세력으로부터 해방하여 주고 죄와 질병과 저주와 죽음에서 자유로움을 얻게 하셨다.

사 61:1~2

------

(3) 왕은 사면 (赦免) 하는 자요 자유롭게 하는 자이다. 그런데 왕 되신 메시아는 스스로 자신을 억압하고 자유를 버렸다. 이에 대해 그는 누구에게도 변명하지 않고 침묵했던 것이다.

요 10:18

요 19:10~11

3) 제사장적 침묵

(1) 제사장은 백성을 위하여 짐을 지는 자이다. 선지자가 하나님 의 대리자라고 한다면 제사장은 하나님께 대한 백성의 대표자 로서 끊임없이 짐승을 잡아 하나님께 속죄제를 드려야 했다.

(2) 그러나 메시아는 짐승을 잡아 하나님 앞에 나아가는 제사장이 아니었다. 그 자신이 하나님께 드려지는 제물이었다. 그래서 그 는 도살장으로 끌려가는 양과 털 깎는 자 앞의 온순한 어린양처 럼 잠잠했다. 그는 세상 죄를 지고 가는 하나님의 어린양이었다.

요 1:29

4. 영광의 메시아(사 53:10~12)

사 53:10~12

1) 부활의 영광

(1) '그 영혼을 속건 제물로 드리기에 이르면 그가 그 씨를 보게
되며' (사 53:10) : 메시아가 비참한 죽음과 참혹한 고난을 받
는 이유는 그 영혼을 속건 제물로 드리기 위함이다. 그러나
자신을 속죄 제물로 드린 결과 사망에 매이지 않고 영광스럽
게 다시 살아나셨다.

(2) '그날은 길 것이요' (사 53:10) : 그는 다시 살아나셨고 영원히
살아 계실 것이다.

계 1:17~18

2) 중보적 영광

(1) 메시아는 야훼의 지식을 가지고 많은 사람을 올바르게 살도 록 돕는다.

사 50:4

(2) 그는 중보자로서 그가 완성한 사역을 계속 수행하는 영원한 제사장이다.

롬 8:34

3) 승리의 영광

(1) '이러므로 내가 그로 존귀한 자와 함께 분깃을 얻게 하며 강 한 자와 함께 탈취한 것을 나누게 하리니' (사 53:12) : 전쟁 에서 승리한 자가 전리품을 받는 것과 같이 메시아는 영적인 승리로 인하여 죄에서 구해낸 사람들을 얻게 된다.

(2) 당시 정복자들은 전리품을 백성에게 나누어 주는 것이 상례 였다 (삿 5:30; 삼상 30:26~30).

시 68:18

....

....

엡 4:8

....

....

시편 68:18은 다윗이 법궤를 시온으로 옮길 때 부른 시로써 법궤가
시온으로 옮겨진 것을 야훼가 그 성에 입성한 것으로 비유한 것이다.
바울은 이를 그리스도에게 적용하여 그리스도께서 승천하신 후
(엡 1:20~22; 골 2:15) 성령을 보내서 성도들에게 분량대로 은사를
주고 계신 것을 말한다.

02

예레미야

"내가 다시는
야훼를 선포하지 아니하며
그의 이름으로 말하지 아니하리라 하면
나의 마음이 불붙는 것 같아서
골수에 사무치니 답답하여
견딜 수 없나이다"

(렘 20:9)

제1장
예레미야서 개요

Ⅰ. 개요

1. 저자

본서의 저자가 예레미야라는 것에 대해서는 A.D. 18세기에 이르기까지 아무런 문제 제기 없이 인정되어 왔다. 그러나 A.D. 19세기에 이르면서 비평학자들이 예레미야가 저자라는 것에 대해 문제제기를 하였다. 비평학자들은 본서의 내용이 대체로 예레미야의 예언인 것은 인정하지만 예레미야의 예언이 아닌 것도 포함되어 있다고 보는 것이다. 그러나 본서의 저자가 예레미야라는 사실은 본서(렘 1:1; 36:1~2)와 구약의 다른 책들(단 9:2; 대하 36:21~22; 스 1:1)의 증거를 통해서도 알 수 있다. 다만 본서의 대부분은 바룩에 의해 대필 되었으며(렘 36:4), 예레미야 52장은 바룩이나 다른 사람에 의해 첨가되었을 것으로 추측할 수 있다.

2. 기록 연대

예레미야 36:1~2에는 여호야김 4년(B.C. 605년)에 야훼께서 예레미야에게 주신 메시지를 두루마리에 기록하라고 명령하신 것으로 되어 있다. 그런데 또 다른 구절들(렘 29:1; 30:2; 51:60)을 보면 바룩이 두루마리에 기록한 것 외에는 대부분 야훼의 메시지가 주어지자마자 곧바로 기록되었음을 시사한다. 그리고 본서에 수록된 예레미야 52장 끝부분을 제외하면 대부분 예레미야 사망(B.C. 585년) 직후에 완성되었을 것으로 본다.

따라서 본서는 대부분 예레미야가 예언 활동을 시작한 요시야 왕 13년(B.C. 627년)부터 예루살렘 멸망(B.C. 586년) 이후까지 기록되었을 것으로 본다.

3. 기록 목적

영적으로 타락한 유다 백성으로 하여금 죄를 깨닫고 회개하도록 하기 위해 기록하였다. 따라서 본서의 주된 메시지는 심판에 관한 내용이다.

그러나 본서에는 하나님의 주권적인 역사로 말미암아 유다 백성이 종국적으로 회복할 것이라는 소망의 메시지도 담겨 있다.

4. 특징

1) 내용상으로 볼 때 연대기적 순서보다 주제별로 기록되었으며 조직적으로 기록되지 않았기 때문에 외관상 무질서하게 보이는 경향이 있다.

2) 본서는 역사서, 시집, 전기 (傳記)의 합본이라고 할 수 있다.

3) 예레미야의 갈등, 슬픔, 용기 등 그의 감성이 잘 나타나 있다.

4) 시적 반복법이 자주 나타나 있다 (렘 4:23~26; 51:20~23).

5) 다른 예언서에 비해 선지자의 상징적 행동을 통한 예언이 많이 나타나 있다.

6) 본서에는 '고백의 책' (The book of confession)이라는 부분이 있는데 (렘 10:23~24; 11:18~23; 12:1~6; 15:10~21; 17:9; 14~18; 18:18~23; 20:7~12), 이는 예레미야가 하나님을 상대로 그의 의문, 고통, 고뇌, 확신, 결단 등을 고백한 것이다.

7) 예레미야의 조국애와 죄에 대하여 책망하는 모습이 전반적으로 조화롭게 나타나 있다.

5. 내용 요약

1) 서론 (렘 1장)

(1) 서론 부분은 젊은 시절 소명을 받은 예레미야의 선지자의 소명을 다루고 있다. 그의 소명은 모태로부터 시작되었으나 그는 소명에 대하여 주저하였다.

렘 1:4~6

....

....

(2) 그의 변명은 통하지 않았으며 하나님은 그를 보호해 주시겠
다고 확신시켜 주셨다. 결국 그는 하나님을 개인적으로 체험
했고 하나님의 거룩한 메시지를 받아들였다.

렘 1:7~9

....

....

2) 본론(렘 2~51장)

(1) 렘 2~29장 : 백성의 죄를 지적하고 회개를 촉구하며 심판을
경고한다.

① 공적인 설교 (렘 2~10장)
② 개인적 체험 (렘 11~20장)
③ 포로의 확실성 (렘 21~29장)

(2) 렘 30~33장 : 포로에서 회복될 것 (위로의 메시지)과 옛 언
약의 시대를 넘어서 새 언약의 시대를 바라본다.

렘 31:31

---

(3) 렘 34~45장 : 예루살렘의 멸망에 관한 내용으로서 이야기체로 기록되어 있다.

① 렘 34~39장 : 예루살렘 포위와 멸망에 관한 내용으로 느부갓네살 왕의 예루살렘 공격과 시드기야 왕의 즉위 (렘 37장)와 포로가 됨 (렘 39장)이 기록되었다.

② 렘 40~45장 : 예루살렘 멸망 이후의 내용으로 예레미야는 심판이 내려진 후에도 하나님께나 유대인들에게 한결같이 충성했지만 유대인들은 여전히 완고했다.

(4) 렘 46~51장 : 다른 나라에 대한 예언

① 렘 46장 : 느부갓네살에 의한 애굽의 패배
② 렘 47장 : 바벨론에 의한 블레셋의 멸망
③ 렘 48장 : 모압에 대해서
④ 렘 49장 : 암몬, 에돔, 다메섹 (수리아), 게달, 하솔, 엘람의 멸망

하나님께서 심판하시는 기준은 죄다. 하나님께서 유대인들을 벌하시기 위해 바벨론을 도구로 사용했지만 바벨론도 그 죄의 대가로

심판을 받게 된다 (렘 50~51장).

3) 부록 (렘 52장)

(1) 이 장은 열왕기하 24~25장과 같은 내용으로 역사적 사실이다.

(2) 이 부분은 연대 상으로 보면 선지자 본래의 기록은 아닐지라도 그의 암시에 의해 이루어졌을 수 있다.

예레미야서 요약

1장	2~29장	30~33장	34~45장	46~51장	52장
서론 (소명)	회개 촉구와 심판 경고	위로의 책	예루살렘 멸망의 전후	다른 나라에 대한 예언	부록

예레미야서의 주제

주제		강조점	비고
파괴	1. 책망	백성의 죄	현재적 상태 (2:1~37)
	2. 경고	하나님의 의	예언적 미래 (20장, 23~26장, 31장)
건설	3. 초청	하나님의 은혜	현재적 제시 (3:1~4:4)
	4. 위로	백성의 소망	예언된 미래 (23:1~40; 30:4~11; 32:37~41; 33:14~26)

예레미야서의 주요 연대 (B.C. 생략)와 사건

유다 왕	연대	사건	관련 사항
요시야 640~609 (31년)	640	8세에 등극 (대하 34:1)	628 나보폴라살이 바벨론 왕이 됨
	628	요시야 12~18년, 성전 수리 및 종교 개혁 단행 (대하 34:3~35:19)	
	612	바벨론이 앗수르의 니느웨를 함락, 바벨론이 역사에 등장	627 (요시야 13년) 예레미야 예언 시작하여 586년까지 40년간 사역함
	609	요시야가 애굽 왕 느고와 싸우다 므깃도에서 전사 (왕하 23:29; 대하 35:20~24)	
여호아하스 609 (석 달)	609	백성이 요시야의 아들 여호아하스를 세움 (왕하 23:30), 애굽 왕 느고에 의해 폐위, 애굽으로 끌려가 죽음	'살룸'은 여호아하스의 별칭 (렘 22:11; 왕하 23:30)
여호야김 609~598 (11년)	609	애굽 왕 느고가 요시야의 아들 여호야김 (엘리아김)을 유다의 왕으로 삼음 (왕하 23:34)	*609~608 예레미야가 목에 멍에를 맴 (렘 27:1~2)
	605	갈그미스 전투로 패권이 애굽에서 바벨론으로 넘어감, 이후부터 남 유다는 바벨론의 영향 하에 들어감 (왕하 24:7)	
	605	다니엘 등이 1차 포로 (단 1:1~5)	*604 여호야김이 두루마리를 불태움 (렘 36:23)
	601	갈그미스 전투 후 3년간 바벨론을 섬기다가 배반함 (왕하 24:1)	
	598	바벨론이 진압하러 내려옴 (대하 36:6), 여호야김이 쇠사슬에 끌려감	
여호야긴 597 (석 달)	597	백성이 여호야김의 아들 여호야긴을 세움 (대하 36:8), 다시 바벨론이 침입하여 석 달 만에 망함 (왕하 24:8~12), 바벨론에 항복하고 볼모로 잡혀갔으나 대접 받음 – 바벨론 느부갓네살 8년 (대하 36:9~10), 2차 포로 (왕하 24:14; 렘 52:28), 잡혀간 지 37년 만에 복권 (왕하 25:27; 렘 52:31)	

유다 왕	연대	사건	관련 사항
시드기야	597	느부갓네살이 여호야긴 대신 시드기야(맛다니야)를 세움(왕하 24:17), 시드기야가 바벨론을 계속해서 배반함(왕하 24:20)	*거짓 선지자들에 대항함 (렘 27~29장)
	588	시드기야 9년에 느부갓네살이 침공함	*밭을 삼 (렘 32장)
	587	예레미야가 투옥됨(렘 32:1~2)	
	586	3차 포로, 시드기야가 포로로 잡혀감 -바벨론 느부갓네살 18년(왕하 25:4~7; 렘 52:29)	*요나단의 집에 갇힘 (렘 37:21)
	585	바벨론 왕이 그달리야를 유다의 지도자로 삼음(왕하 25:22~23)	
	?	이스마엘이 그달리야 살해 후 애굽으로 도피(왕하 25:25~26)	*감옥 뜰에 갇힘 (렘 37:21)
	582	느부갓네살 23년에 다시 포로로 끌려감(렘 52:30)	*진흙 구덩이에 갇힘(렘 38:6)

II. 예레미야의 생애와 소명

1. 생애

1) 예레미야(ירמיה, 이르메야)는 '야훼께서 세우신다', '야훼께서 높이신다', '야훼가 지명하는 자'라는 뜻이 있다.

2) 예레미야는 베냐민 지파의 제사장 힐기야의 아들로 태어나(렘 1:1) 아나돗이라는 제사장들의 성읍에서 살았다. 그는 부동산을 사고 서기관을 고용했던 것으로 보아 상당한 재산을 소유했던 것 같다.

3) 하나님께서는 그가 태어나기 전부터 선지자의 소명을 주셨기 때문에 거절할 수 없었다.

렘 1:5~8

눅 12:11~12

4) 하나님은 예레미야가 독신으로 지낼 것을 명하셨다.

렘 16:2

5) 예레미야는 부드러운 마음과 예민한 감정을 가진 선지자로서, 애국자였기 때문에 심판에 관한 메시지를 전달한다는 것이 매우 슬프고 고통스러웠다. 그는 요시야의 개혁에도 참여하였다.

6) 그의 사역은 심한 반발을 받았는데, 심지어 그의 가족 (렘 12:6) 이나 동네 사람들 (렘 11:18~23) 까지도 그를 해하려고 하였다.

렘 12:6

_____

_____

렘 11:21~23

_____

_____

7) 예루살렘 백성은 예레미야를 모함하고 (렘 18:18), 때리고, 가
   두었다 (렘 20:2-3). 그 후 풀려났으나 다시 습격을 받아 목숨
   을 잃을 지경에 이르기도 했다 (렘 26장). 그는 수차례 투옥되
   었으며 (렘 37:1~15; 38장) 유대인들에 의해 본의 아니게 애
   굽으로 피난하게 되는데 거기서 우상 숭배를 하는 유대인들을
   책망하다가 돌에 맞아 40년간의 사역을 마친다.

렘 20:2~3

_____

_____

2. 소명

1) 예레미야는 유다가 멸망하기 직전 부르심을 받은 선지자로서
   '눈물의 선지자'로 알려져 있다. 그는 민족의 죄와 그 죄 때문에
   파멸될 것을 알고 슬퍼하며 울었다.

2) 예레미야는 '하나님의 성전'이 있는 예루살렘이 멸망할 것과 백
   성이 바벨론의 포로로 잡혀갈 것을 알고 있었다.

렘 25:11

3) 예레미야는 엘리야의 능력이나 이사야와 같은 웅변술이 없고
   내성적이며 약한 성격을 소유했으나 약한 자를 들어 사용하시
   는 하나님께서 그를 통해 하나님의 강함을 보이셨다.

4) 문서 선지자들 중에서 이사야와 예레미야가 특히 뛰어났는데 이
   사야는 용감하고 겁이 없었으나 예레미야는 온유하며 동정심이
   많은 사람이었다.

5) 이사야는 유다가 포로로 잡혀가기 약 100여 년 전에 살았는데
   예레미야는 포로 직전에서부터 포로 기간에 사역했다. 즉, 예
   레미야는 B.C. 626년부터 B.C. 586년 예루살렘이 멸망한 직후
   까지 사역했다.

6) 예레미야는 선지자 미가에게서 영향을 받았으며, 여선지자 훌
   다와 함께 요시야 왕의 종교 개혁에 영향을 주었다 (B.C. 621
   년경).

7) 예레미야는 용감하고도 위대한 예언자이며 감정적이면서도 열정적인 예언자로서, 동시대인들에게는 죄인 취급을 받았으나 후세대인들에게는 성자로 추앙받는 인물이라고 평가받기도 한다.

예레미야 사역의 연대표

627	609	603	597	586
		주요 사건들:		
소명	요시야 사망	바벨론의 침공	바벨론에 의한 멸망	바벨론 포로
		유다의 왕들:		
요시야	여호아하스	여호야김	여호야긴	시드기야
(640~609)	(609)	(608~598)	(598~597)	(597~586)

III. 시대적 배경

1. 당시 상황

1) 이사야는 백성에게 멸망하지 않도록 회개하라고 전했으나 그들은 들으려고 하지 않았다. 그로부터 약 60년 동안 하나님께서 침묵하셨는데 그동안에 백성은 우상을 숭배했다. 특히 므낫세 왕 때는 성전 뜰과 성전에까지 바알 신상을 세워 놓는 죄를 범했다 (왕하 21장).

2) 왕, 선지자, 제사장, 백성 할 것 없이 모두가 약 50년 동안 하

나님을 모독하는 죄를 범하자 유다에 파멸이 닥치게 되었다.

렘 5:31

3) 요시야 왕의 의로운 행위 때문에 잠깐 심판이 연기되기는 했으나 요시야 왕이 죽고 난 지 22년이 지나자 결국 망하고 말았다.

2. 당시 유다 왕들

1) 예레미야는 유다 역사의 마지막 40년 동안 즉, 요시야 왕 즉위 13년(B.C. 627)부터 예루살렘 멸망 이후까지 사역하였다.

2) 당시의 유다 왕들

렘 1:1~3

(1) 요시야

경건한 왕이었던 요시야는 다윗과 솔로몬이 다스렸던 영토까지 그의 권력 지반(地盤)을 확장하였으며(렘 34:6~8), 그의 통치 기간에 율법이 발견되어 성전 예배가 회복되었다. 예레미야는 이스라엘과 유다의 죄를 지적하고 회개를 촉구함으로써 요시야의 개혁을 위한 길을 닦아 놓았다.

그러나 요시야의 개혁이 백성 속에 내면화되지 않았기 때문에 요시야가 사망(B.C. 609)하자 개혁은 곧 중단되고 말았다. 요시야가 죽자 하나님께 대한 백성의 충성도 사라져 버리고 말았던 것이다. 그렇기 때문에 예레미야는 이때부터 유다 백성의 완고함을 더욱 비판하였다.

(2) 여호아하스 (살룸, 렘 22:11)

여호아하스는 요시야의 넷째 아들로서 요시야의 뒤를 이어 유다의 왕이 되었으나 부친의 개혁을 따르지 않았다.

여호아하스가 왕위에 올라 예루살렘에서 다스린 지 석 달 만에 애굽 왕 느고는 여호아하스의 왕위를 폐하고 은 백 달란트와 금 한 달란트를 벌금으로 내게 하였다.

뿐만 아니라 애굽 왕 느고는 여호아하스 대신 요시야의 둘째 아들인 여호야김을 왕위에 앉히고 여호아하스를 애굽으로 잡아갔는데(대하 36:1~4), 여호아하스는 다시 고국에 돌아오지 못하고 그곳에서 죽었다 (왕하 23:31~34).

(3) 여호야김 (B.C. 609~598)

여호야김은 불경건한 왕으로서 예레미야를 박해하는 데 온 힘을 다하였으며, 예레미야가 예언한 내용을 기록한 두루마리를 모두 불태운 왕이었다 (렘 36:1~23).

(4) 여호야긴

여호야김 다음 왕위에 오른 여호야긴은 바벨론 포로로 끌려가기 전 석 달 동안 통치하였다. 그러나 그는 바벨론에 잡혀간 지 37년 만에 복권되었다 (왕하 25:27; 렘 52:31).

(5) 시드기야 (B.C. 597~586)

유다의 마지막 왕인 시드기야는 예루살렘 성의 함락을 초래하게 한 장본인이라고 할 수 있다.

한편 예레미야의 생애 동안 중요한 역할을 했던 왕들은 요시야 (렘 2:1~12:17), 여호야김 (렘 13:1~20:18; 25:1~27:11), 시드기야 (렘 21:1~ 24:10; 27:12~39:28) 등이었다.

3. 당시 외국 세력

1) 예레미야의 사역 초기에는 유다가 주로 애굽과 앗수르에게 위협을 받았다. 따라서 유다는 강국과 동맹을 맺음으로써 보호를 받아야 한다는 시험을 받고 있었다. 그러나 예레미야는 하나님과 올바른 관계를 맺고 하나님을 신뢰함으로써 침략을 막아 낼 것을 선포하였다.

2) 예레미야 생애의 마지막 때는 유다가 바벨론의 위협을 받았다. 왜냐하면 앗수르는 B.C. 612년에 바벨론에 망했고 애굽도 B.C. 605년에 갈그미스 전쟁에서 바벨론에 패했기 때문이다.

3) 유다는 바벨론을 대적하였으나 예레미야는 하나님의 명령에 따라 항복할 것을 주장했다. 포로로 잡혀가는 것은 하나님이 정하신 심판이었기 때문에 유다의 극단적인 파멸을 면하고자 함이었다.

선지자 시대의 이스라엘과 유다의 인접 국가

제2장

예레미야서 중심 메시지

예레미야는 '파괴'와 '건설'의 이중 메시지를 선포하였다.

렘 1:10

렘 3:12

예레미야는 미래를 예언하기도 했다. 남은 자들을 보호하고, 새 계약을 맺으며 오실 구주를 예언했다. 그의 예언은 강력하고 분명 했다 (렘 23:5; 31:31~34; 32:37~41).

렘 31:31~34

Ⅰ. 타락

예레미야서에는 '타락하다'(13회), '버리다'(24회), '돌아오다'(47회) 등의 말이 나온다. 유다가 야훼를 버리자 예레미야는 임박한 심판을 경고하며 회개를 촉구했다. 이는 인간이 하나님을 잊었을지라도 하나님은 여전히 그들을 사랑하고 계심을 말해 준다.

1. 우상 숭배(렘 2:1~3:5)

하나님은 이스라엘을 신실하게 사랑하셨으나(렘 2:2-3), 이스라엘은 허탄한 신들을 좇았다(렘 2:4~8). 그러므로 하나님은 이스라엘을 징계하신다(렘 2:9~19). 옛날부터 이스라엘은 약속을 어겼고 우상 숭배의 죄를 범하면서 주께로 돌아오지 않았다(렘 2:20~31).
하나님은 그들을 징계하셔야 했다(렘 2:32~37). 그들이 회개하지 않았기 때문이다(렘 3:1~5).

1) 헛된 신을 좇음(렘 2:4~8)

(1) 이스라엘의 열두 지파는 여호수아 이후의 세대부터 주를 망각하고 바알을 섬겼다. 그들은 더 이상 야훼를 생각하지 않았으며 그의 은혜를 기억하지도 않았다.

삿 2:10

....

....

렘 2:6

_____

_____

(2) 제사장과 지도자들도 하나님을 찾지 않았으며 성소에 나오지
도 않았다.

렘 2:8

_____

_____

(3) 하나님의 말씀을 전파해야 할 선지자들은 거짓 신들을 좇으며
거짓된 예언을 하였다. 이스라엘은 하나님의 영광을 무익한
것으로 바꾸므로(렘 2:11) 두 가지 죄악을 범했다(렘 2:13).

렘 2:11~13

_____

_____

2) 완악한 우상 숭배의 죄(렘 2:20~25)

(1) 이스라엘은 하나님의 끊임없는 책망에도 불구하고 완악한 마음
을 가지고 우상 숭배를 중단하지 않았으며 하나님의 계명과 율
법을 길들이지 아니한 송아지나 완고한 암소같이 밟아 버렸다.

렘 31:18

....

....

호 4:16

....

....

(2) 이스라엘은 높은 산과 푸른 나무 아래서 몸을 굽혀 행음하였는데,
이는 우상 숭배와 그에 따른 문란한 남녀의 성관계를 의미한다.

렘 2:20

....

....

(3) 이스라엘이 전적으로 부패함으로써 야훼께서 심으신 참포도
나무는 이방 포도나무의 악한 가지가 되었다.

렘 2:21

....

....

신 32:32

....

....

(4) 이처럼 이스라엘은 전적으로 타락했기 때문에 스스로 자신을 깨끗하게 할 수 없다.

렘 2:22

_____

_____

(5) 선지자는 우상 숭배에 빠진 이스라엘을 발정한 암낙타와 들 암나귀들이 이리저리 마구 뛰어다니는 모습과 같다고 비유한 다. 그들은 들암나귀들이 그 성욕을 이기지 못하고 헐떡거리 며 수나귀들을 찾아감같이 우상을 찾아가 숭배했다.

렘 2:23~24

_____

_____

(6) 이스라엘의 우상 숭배는 백성에게 수치만 가져오고 필요한 때 도움을 주지 못했으며 (렘 2:26~28) 심판을 피할 수 없게 하였다 (렘 2:35~37).

렘 2:35~37

_____

_____

2. 회개하지 않음(렘 4:3~31)

유다와 예루살렘이 회개하지 않으면 하나님의 분노가 나타나게 된다(렘 4:3-4). 선지자는 이미 북방으로부터 유다에게 임한 심판과 안전하다고 생각한 사람들의 불행을 보고 있었다(렘 4:5~10). 예루살렘의 악함 때문에(렘 4:11~18) 패역한 백성에게 황폐와 파멸이 임하고 온 땅이 폐허가 되지만 이것을 결코 피할 길이 없다(렘 4:19~31).

1) 마음 가죽을 베라(렘 4:3~4)

(1) '묵은 땅을 갈고' : 생활의 혁신을 의미한다.

(2) '가시덤불에 파종하지 마라' : 마음의 밭에 자라날 수 있는 좋은 결심을 하라는 의미이다.

(3) '스스로 할례를 행하여' : 마음에 할례를 행하는 것 즉, 영적인 더러움을 버리는 것을 의미한다. 좋은 씨앗이 자라나는 것을 막는 가시나무(마 13:7)는 새롭지 못한 마음의 악한 성향이다. 그러므로 유대인들은 마음에 할례를 행해야 한다.

(4) '마음의 가죽을 베고' : 마음의 악한 정욕과 욕심을 버려야 함을 의미한다.

2) 마음의 악을 씻으라 (렘 4:13~15)

하나님은 유다를 심판하시려고 군대와 병거와 말들을 준비하셨기 때문에 빨리 돌이켜 마음을 깨끗이 씻어야 한다.

3. 형식적 예배 (렘 7:1~8:3)

성전 예배는 형벌의 위협에서 유대인들을 보호해 주지 못한다. 만일 유다가 그 생활 태도를 바꾸지 아니한다면 성전은 실로의 운명같이 되고, 유다는 에브라임같이 버림을 받게 된다 (렘 7:1~15). 중보 기도나 많은 재물도 예루살렘에 내리는 징계를 면하게 할 수 없다 (렘 7:16~28). 왜냐하면 주께서 우상을 숭배하는 자들을 버리시고 예루살렘과 유다를 죽음의 들판으로 만드시기 때문이다 (렘 7:29~8:3).

1) 헛된 성전을 의지함 (렘 7:1~15)

(1) 성전이 거룩한 것은 그 안에 하나님이 계시기 때문이다. 하나님께서는 외적인 건물에 구애받지 않으신다. 한때 하나님의 영광이 나타났고 임재하셨던 곳일지라도 그곳에 하나님이 항상 머물러 계시는 것은 아니다.

(2) 유대인들은 성전 자체가 신성하므로 그 안에 들어오기만 하면 환난이 와도 걱정이 없다고 생각했다. 그러나 예전에 '야훼의 전'이었기 때문에 지금도 '야훼의 전'이라고 생각하는 것은 잘못이다.

렘 7:4

....

....

(3) 하나님은 종교의식을 의지하고 성전을 우상화하는 것을 미워
하신다. 그러므로 사람들이 하나님보다 성전을 의지하면 그
성전을 훼파시켜 버리신다. 하나님은 영과 진리로 예배하는
자들을 찾으신다.

요 4:20~24

....

....

(4) 구원은 성전에 있지 않고 하나님께 있다. 그러나 이스라엘은
여전히 의식(儀式)적으로 예배하는 것을 고집하고 끝내 회개
하지 않았기 때문에 하나님께서 예루살렘 성전을 완전히 훼
파시켜 버리신 것이다.

2) 헛된 제사 의식(렘 7:16~28)

(1) 하나님께서 제사보다 순종을 원하신다고 하신 말씀은 이스라
엘이 애굽에서 나올 때부터 하신 말씀이다.

렘 7:20~23

....

삼상 15:22

시 50:8~14

(2) 이스라엘 백성은 하나님께 순종하는 대신 그들의 완고한 뜻
에 따라 행하였다. 그들은 열조의 죄악을 따랐으며 앞으로도
하나님께 순종할 마음이 전혀 없었다.

렘 7:24~27

II. 심판

예레미야는 하나님께서 바벨론 왕을 통하여 유다를 심판하실 것
을 예언한다. 그는 하나님의 심판이 유다와 열방에 임하는 것을 직
접 보았다 (렘 39장).

1. 심판에 대한 태도 (렘 21장)

1) 예레미야는, 유다에게 다가올 재앙은 그들 죄의 결과로서 하나님이 허락하신 것이므로 '모든 재앙을 순수하게 받아들이고 항복하라'고 선포했다.

렘 21:9~10

_____

_____

2) 예레미야는 반역자란 소리를 들으면서도 하나님의 말씀을 전했다.

2. 경건하지 않은 왕에 대한 심판 (렘 22장)

1) 여호아하스

렘 22:10~12

_____

_____

(1) 여호아하스는 요시야의 아들로서 유다의 제17대 왕이었는데 (왕하 23:31~33; 대하 36:1~4) 애굽 왕 느고에 의해 사로잡혀 가서 죽었다.

(2) 유다 백성은 의로운 왕 요시야를 위해 애통했다 (렘 22:10).

그러나 의인이 죽으면 평안을 누리게 되기 때문에 (사 57:1~2) 예레미야는 유다 백성에게 죽은 자를 위해 울지 말고 사로잡혀 간 자를 위해 슬피 울라고 하면서 회개를 촉구했다.

사 57:1~2

2) 여호야김 (렘 22:13~23)

(1) 여호야김은 애굽의 바로에 의해 왕이 된 후 바벨론의 느부갓네살 왕이 침공했을 때 그의 신하가 되었다. 그는 악한 왕으로서 백성의 피를 빨아 향락을 누렸으며 자신의 궁궐을 사치스럽게 꾸몄다. 그러나 그는 결국 바벨론이 침공했을 때 죽어 예루살렘 문밖에서 나귀같이 매장당했다.

렘 22:18~19

(2) 여호야김의 죄는 품삯을 주지 않고 (렘 22:13; 약 5:4), 사치생활을 하며 (렘 22:14; 사 3:16~26; 눅 12:16~21), 정의와 공의를 행하지 않고 (렘 22:15), 압박과 포악을 행하며 (렘 22:17), 하나님의 목소리를 청종하지 아니하고 (렘 22:21), 교만한 것 (렘 22:22~23) 등이다.

렘 22:13~23

....

....

3) 여호야긴(렘 22:24~30)

(1) 여호야긴은 고니야라고도 하는 유다 제19대 왕이다. 그는
    불과 3개월 통치하다가 느부갓네살이 침공했을 때 바벨론
    으로 잡혀갔다.

렘 22:24~26

....

....

고니야가 하나님의 인장 반지라 할지라도 죄를 회개하지 않으면 재앙
을 받게 될 것이다. 이처럼 하나님의 백성이라는 특권을 가지고 있는 것
이 중요한 것이 아니라 그에 합당한 생활을 하는 것이 더욱 중요하다.

유다의 마지막 왕들

왕	연대 (B.C.)
므낫세	696~641 (55년 통치)
아몬	641~639 (2년 통치)
요시야	639~608 (31년 통치)
여호아하스	608 (3개월 통치)
여호야김	606~597 (9년 통치)
여호야긴	597 (3개월 통치)
시드기야	597~586 (11년 통치)

3. 70년 포로 심판 (렘 25:3~11)

1) 예레미야가 백성에게 회개를 촉구했으나 순종하지 아니하자
   (렘 25:3~7), 하나님께서는 느부갓네살을 통해 유다를 황폐
   하게 하시고 (렘 25:8-9) 70년 동안 바벨론 왕을 섬기게 하
   셨다 (렘 25:11).

렘 25:11

대하 36:21~22

단 9:2

2) 70년은 여호야김 4년 (B.C. 606년)부터 고레스 원년 (B.C. 536
   년)까지인데, 이는 하나님의 사역 숫자인 7과 세상의 완전 숫
   자인 10에서 그 의미를 찾을 수도 있다.

4. 열국에 대한 심판 (렘 25:12~38)

1) 유다를 벌하시는 도구였던 바벨론이 심판을 받는데 (렘 25:12~
14), 이는 행한 대로 보응하시는 하나님의 원리이다.

렘 25:12~14

2) 바벨론은 열방에 대한 하나님의 징계 수단으로 우선 유다를
침략하고 (렘 25:18) 이어 열국을 공략한다.

렘 25:18

3) 하나님의 진노의 잔을 마시게 되는 열국은 애굽, 아라비아, 블
레셋, 에돔, 모압, 암몬, 페니키아, 엘람, 메데 (렘 25:19~25)
등이며, 하나님께서는 마지막으로 바벨론의 모든 왕들을 심판
하신다 (렘 25:26).

Ⅲ. 회복

예레미야는 유다의 심판을 예언한 후 하나님 형벌의 기간이 지나면 언약 백성에게 주어질 구원이 임할 것을 선포하였다.

1. 하나님의 새 언약(렘 30, 31장)

1) 개요

(1) 열방은 심판의 날에 떨게 되지만 이스라엘은 포로에서 해방된다(렘 30:4~11). 하나님은 그들의 상처를 싸매시고 학대한 자들을 응징하신다(렘 30:12~17). 그리고 그의 나라를 다시 세우시며 백성을 영광스럽게 하신다(렘 30:18~22).

렘 30:18~22

_____

_____

(2) 그러나 말일에 이스라엘이 깨달을 때까지 악인에 대한 진노는 계속된다(렘 23:19-20).

렘 30:23~24

_____

_____

(3) 그때 하나님께서 이스라엘에 은총을 베푸시고 (렘 31:1~6)
북쪽 땅에서 남은 자를 모으시며 그들에게 기쁨과 번영을 주
신다 (렘 31:7~14).

(4) 또한 에브라임 (렘 31:15~21)과 유다를 회복하시고 (렘 31:23~
26) 이스라엘과 유다가 새로운 생활을 하게 되며 (렘 31:27~30)
새로운 언약을 맺는다 (렘 31:31~40).

2) 새 언약 (렘 31:31~40)

(1) 새 언약을 통해 이스라엘은 진실로 주의 백성이 되고 더 이
상 외적 방편이 필요하지 않게 된다 (렘 31:31~34). 또한 그
언약은 영원히 지속하며 (렘 31:35~37) 하나님의 거룩한 성
예루살렘은 다시는 무너지지 않게 된다 (렘 31:37~40).

(2) 옛 언약은 돌판에 기록되었으나 새 언약은 마음에 기록되어
완성된다. 옛 언약이 외적이요 육적인 것이라면 새 언약은
내적이요, 영적인 것이다. 옛 언약은 인간의 마음을 새롭게
변화시키지 못하지만 새 언약은 인간을 새롭게 하여 하나님
앞에 바로 서도록 하며 구원에 이르게 한다 (렘 31:33~34).

(3) 새 언약의 특징은 예수님을 통해 하나님께 당당히 나아갈 수
있다는 것이다.

엡 3:12

히 4:16

2. 하나님의 전능하심 (렘 32장)

1) 개요

예레미야는 예루살렘이 멸망하기 직전 아나돗에 있는 밭을 샀다 (렘 32:1~15). 그러나 임박한 바벨론의 예루살렘 침공으로 그 밭을 자신이 소유할 수 없기 때문에 그 백성과 땅의 미래를 위해 간구했다 (렘 32:16~25). 이에 대해 하나님께서는 당신의 전능성을 강조하시며 예레미야에게 확신을 주셨다 (렘 32:26~44).

2) 전능하신 하나님

예레미야의 회의적인 기도에 대해 하나님은 세 가지로 답변하셨다.

(1) 하나님은 창조주이시며 모든 육체의 생명을 주관하시는 분이시다.

렘 32:17

렘 32:27

창 18:14

신 10:17

----

(2) 하나님은 역사를 주관하고 섭리하시는 분이다 (28절). 바벨
론이 자기 뜻대로 예루살렘을 멸망시키는 것이 아니라 하나
님의 도구로 사용될 뿐이다.

렘 32:28~29

----

(3) 멸망 직전의 땅에서 토지를 매매하는 것은 어리석은 일이다. 그러나 하나님께서는 예레미야에게 은 17세겔을 주고 밭을 사게 하심으로써 포로로 끌려갈 유다 백성이 다시 돌아오게 될 것이라는 확신을 주신다.

렘 32:6〜15

3. 하나님의 메시아 약속 (렘 33장)

1) 개요

(1) 예레미야가 아직 시위대 뜰에 갇혀 있을 때 (렘 33:2-3) 주의 말씀이 다시 그에게 임했다. 하나님께서는 예루살렘이 멸망하더라도 다시 회복시켜 (렘 33:4〜9) 온 땅에 다시 기쁨이 넘쳐나게 될 것이라고 말씀하셨다 (렘 33:10〜13).

렘 33:1〜3

렘 33:10〜13

(2) 또한 다윗을 통해 그 나라를 회복하실 것(렘 33:14~18)과
그 은혜가 지속될 것을 약속하셨다(렘 33:19~22). 왜냐하면
야곱과 다윗 후손과의 언약이 지속될 것이기 때문이다(렘
33:23~26).

렘 33:14~18

렘 33:23~26

2) 메시아 약속(렘 33:14~18)

(1) 하나님은 다윗의 왕통이 끊어지게 될 상황에서 오히려 메시
아에 대한 약속을 주셨다(사 4:2; 렘 23:5; 슥 3:8, 6:12).

렘 23:5

(2) 다윗의 왕위를 계승한 모든 왕들은 약했으나 예수님은(눅 1:32)
완전히 의로우신 분이다. 이 약속은 이미 사무엘하 7:12~16,
열왕기상 2:4; 8:25; 9:5 등에 약속된 것이다.

(3) 멸망이 임박한 상황에서 예레미야가 이러한 예언을 할 수 있었던 것은 하나님께서 주신 말씀이기 때문이다. 따라서 예레미야는 극한 슬픔 중에도 회복을 꿈꿀 수 있었던 것이다.

애 3:20~23

_____

_____

제3장

예레미야의 비유

I. 주요 비유

선지자들은 무한하신 하나님의 뜻을 유한한 인간에게 전달하기 위해 자주 비유와 상징을 사용했다. 예레미야도 하나님께서 유다 왕국을 버리셨다는 것을 호소 조의 상징적인 언어로 예언했다.

예레미야는 유다의 지도자들이 바벨론에 대항하기 위해 앗수르의 원조를 바라지 말라는 하나님의 뜻을 선포했다. 따라서 그는 인기 없는 선지자로서 끊임없이 박해를 당했다.

그러나 예레미야는 생생한 비유와 애가로 나라에 대한 슬픔을 표현하며 애통해했기 때문에 후대 유대인들이 감동을 하여 그가 다시 살아날 것이며 메시아의 선구자가 되리라고 믿을 정도로 그를 존경했다.

마 16:13~14

1. 살구나무 가지 비유

렘 1:11~12

1) 살구나무는 히브리어로 '쇼케드' (שקד)로서 '깨어 있다' 또는 '지키다'라는 뜻이 있다. 하나님께서는 예레미야가 본 살구나무 가지 환상의 뜻을 풀이해 주셨는데, 이를 개역 개정 성경에서는 "내가 내 말을 지켜 그대로 이루려 함이라" (렘 1:12)로 번역하였으며, 공동 번역에서는 "나도 내 말이 이루어지는가 이루어지지 않는가를 깨어 지켜보리라"로 번역하였다.

2) 예레미야 당시 사람들은 하나님께서 하신 말씀을 지키실 것인가 하는 것에 대해 의구심을 가졌던 것 같다. 그래서 그들은 예레미야에게 "야훼의 말씀이 어디 있느냐 이제 임하게 할지어다" (렘 17:15)라고 말하기도 했다. 뿐만 아니라 예레미야도 자신의 소명에 대해 회의를 느낀 적이 있다 (렘 1:6).

3) 따라서 이 살구나무 가지의 비유는 두 가지 의미를 내포하고 있다. 첫째로, 하나님께서는 보이지 않는 가운데서도 인류 역사의 주체자로서 '뽑고 심는 일'을 수행하실 분이라는 것을 의미한다. 둘째로, 자신의 선지자적 소명을 확신하지 못하는 예레미야에게 확신을 주기 위해 주어진 것으로서, 예레미야가 어떤 환난과

위험 가운데 처하더라도 하나님께서 그와 항상 함께하시겠다는 것을 의미한다.

하나님께서는 그가 세우신 종을 끝까지 보호해 주신다.

마 28:20

_____

_____

2. 끓는 가마 비유

렘 1:13~16

_____

_____

1) 이 비유는 예레미야가 앞으로 선포할 예언의 핵심 내용을 보여 주신 것으로, 여기서 '가마'는 유다를 상징하며(겔 11:3) 끓는 가마가 북에서부터 기울어졌다는 것은 북쪽으로부터 오는 재앙이 유다에 임하게 될 것을 가리킨다. 따라서 끓는 가마 비유는 유다가 북방 민족 바벨론의 침공을 받아 황폐해질 것을 의미한다(겔 24:3~5).

2) 끓는 가마 비유는 하나님께서 유대인들을 살코기처럼 가마 속에 넣고 녹아 없어질 때까지 끓이고 또 끓였다는 것을 나타낸다. 하나님께서는 온유한 징계의 막대기를 사용하셨지만(롬

2:4) 헛수고가 되고 말았다. 그래서 이제는 가혹한 징계의 방법을 사용하게 된 것이다.

롬 2:4

시 7:12

히 10:31

3. 썩은 베띠 비유

렘 13:1~11

1) '베띠'란 제사장이 에봇 위에 두르는 띠를 가리킨다 (출 28:30~42). 이 베띠는 에봇, 흉대, 관 등과 함께 제사장의 거룩과 영화로움의 상징이었는데, 여기서는 제사장 나라와 거룩한 백성으로

부름을 받은 이스라엘을 상징한다 (출 19:6). 그러므로 '베띠를 사서 허리에 띤다' (렘 13:1)는 것은 하나님께서 이스라엘을 거룩하게 구별하여 열방에 대하여 제사장 나라로 삼으사 영화롭게 하신 것을 의미한다.

2) 따라서 이 비유의 요점은 하나님께서 열방 가운데서 이스라엘 민족을 거룩하게 구별하여 열방에 대한 제사장 나라로 삼으셨으나 유다 백성이 교만하고 타락하여 자신들에게 주어진 사명을 다하지 못해 쓸모없게 되었으므로 그들을 버려 이방인의 포로가 되게 하신다는 것이다.

3) '물에 적시지 마라' (렘 13:1)는 것은 베띠가 더러워져도 씻지 말라는 의미로 더러워진 이스라엘 백성에게 회개의 맑은 물이 없음을 상징한다.

겔 36:25

4) '바위틈에 감추라' (렘 13:4)는 것은 이스라엘 백성이 타락한 결과 바위 같은 감옥에 갇히게 될 것을 의미하며, '여러 날 후' (렘 13:6)란 70년의 바벨론 포로 기간을 말한다. 또한 '쓸 수 없게 되었다' (렘 13:7)는 것은 유대인들이 이방의 우상 숭배자들에 의해 베띠처럼 버림받게 된 것을 의미한다.

마 5:13

4. 포도주 가죽 부대 비유

렘 13:12~14

1) 포도주가 사람들을 취하게 하는 것처럼 하나님의 진노와 심판
   이 백성을 덮칠 것이라는 말이다(렘 25:15; 49:12; 사 51:17,
   22; 63:6).

렘 25:15

2) 유다의 죄 뿌리는 너무 깊어서 스스로 개선할 수 없었다. 검
   은 피부의 구스인이 자기 피부 색깔을 변하게 할 수 없고 표
   범이 자기 몸의 얼룩 반점을 없앨 수 없는 것처럼 타락한 유
   대인이 변화되는 것은 불가능하다는 것이다.

렘 13:23

_____

_____

5. 토기장이의 그릇 비유

렘 18:1~12

_____

_____

1) 이 비유는 우주 만물에 대한 창조주 하나님의 절대 주권을 강
   조하는 비유로서, 예레미야는 이 비유를 통해 '진흙은 토기장
   이의 뜻에 순종해야 한다'는 것을 강조하고 있다 (사 29:16;
   45:9; 렘 18:4~6). 한편 여기서 '토기장이'는 하나님을 상징
   하고 '진흙'은 인간을 상징하며 '녹로' (轆轤) 는 인생을 의미
   한다.

2) 질그릇의 손상은 토기장이의 과실이 아니었다. 진흙 속의 이
   물질이 토기장이의 작품을 망쳐 버린 것이다. 그러나 하나님
   은 진흙을 다시 빚어서 귀히 쓰는 그릇으로 만드실 수 있다.

롬 9:22

_____

_____

딤후 2:21

6. 깨진 옹기 비유

렘 19:1~13

1) 이 비유는 이미 토기장이의 비유를 통해 회개를 촉구하고 심판을 경고했음에도 불구하고 회개하지 않는 유다 백성에게 하나님의 심판이 필연적으로 임하게 될 것을 말한다.

2) 이스라엘은 죄로 인해 본래 용도에 적합하지 않은 상태였다. 그래서 그것을 깨뜨릴 수밖에 없었다. 토기장이신 하나님께서는 개선될 수 없는 것은 깨뜨려 버리신다.

7. 무화과 두 광주리 비유

렘 24:1~10

1) 두 광주리의 무화과 가운데 한 광주리는 처음 익은 좋은 무화과가 들어 있었다. 이러한 '여름 과일들' 또는 '여름 전에 서둘러 익은 과일'(사 28:4; 호 9:10; 미 7:1)은 맛이 좋은 극상품으로 취급되었다.

2) '극히 좋은 무화과'는 바벨론으로 끌려간 포로들을 나타내는데, 이는 하나님께서 다시 그들을 회복시켜 주실 것이기 때문이다. 다니엘과 세 친구, 에스겔, 여호야긴 등은 좋은 무화과에 속한다.

렘 12:15

3) 하나님께서는 바벨론 포로로 끌려간 자들은 남은 자들에게 내릴 재앙을 피하게 하셨으며 그들의 형편을 더 좋게 만들어 주셨다.

왕하 25:27~30

4) '나쁜 무화과 광주리'는 시드기야, 방백들, 예루살렘에 남아있던 자들로서 이들은 하나님을 거역하고 고집이 세며 완악하여 심판을 받게 될 자들이다.

렘 24:8~10

5) 포로로 잡혀간 자들이나 남아 있는 자들이나 모두 범죄하였지
   만 포로로 잡혀간 자들은 고난으로 마음이 부드러워졌고 남아
   있는 자들은 더욱 완악하게 되었던 것이다.

6) 좋은 무화과는 회개하고 하나님께 돌아온 결과 좋게 되었고 악한
   무화과는 교만하여 하나님의 심판에 이의를 제기했기 때문에 나쁘
   게 되었다.

8. 진노의 술잔 비유

렘 25:15~18

1) '진노의 술잔'은 하나님의 심판을 비유적으로 표현한 것이다
   (사 51:17; 겔 23:31; 합 2:16).

겔 23:31

2) 예레미야는 가끔 그의 예언에 이사야의 비유 언어를 구체화했다.

애 4:21

......

......

사 51:17~22

......

......

9. 줄과 멍에 비유

1) 멍에는 한 쌍의 소를 연결하기 위한 것이며, 줄은 멍에가 짐
을 나르는 짐승들을 꽉 조이도록 하는 것이다.

2) 예레미야는 느부갓네살의 통치에 저항하는 것은 부질없는 일
이라고 말했다 (렘 27장). 시드기야와 남은 자들이 바벨론 왕
에게 순종하지 않을 수 없는 것은 그것이 하나님의 계획이었
기 때문이다. 그래서 예레미야는 "왕과 백성은 바벨론 왕의 멍
에를 목에 메고 그와 그의 백성을 섬기소서 그리하면 사시리라"
(렘 27:12)고 말하였다. 그러나 백성은 그 말을 거절했기 때문
에 고통을 당하게 되었다 (렘 39:6~10).

3) 예레미야 28장에는 참 선지자인 예레미야와 거짓 선지자인

하나냐와의 대결이 기록되어 있다.

(1) 하나냐는 하나님께서 2년 내에 바벨론 왕 느부갓네살의 멍에를 꺾어 버릴 것이라고 하면서 예레미야의 목에 걸린 멍에를 꺾어 버렸다 (렘 28:10~11). 이에 하나님께서는 예레미야에게 나무 멍에 대신 쇠 멍에를 메게 될 것을 선포하게 하시고 하나냐가 곧 죽게 될 것도 선포하게 하셨다 (렘 28:12~17).

(2) 환난을 순순히 받아들이지 않으면 더 무거운 환난이 닥치게 된다.

렘 28:13~14

신 28:48

10. 밭을 사는 비유

렘 32:6~15

1) 예레미야는 시위대 뜰에 갇혀 있을 때 유다의 멸망이 임박한 상황임에도 불구하고 하나님의 명령에 순종하여 아나돗에 있는 그의 사촌 하나멜의 밭을 산다. 이처럼 예레미야가 사촌의 밭을 사게 된 일차적인 이유는 예레미야에게 기업을 무를 권리가 있었기 때문이다.

레 25:23~28

기업 무를 자

1. '기업을 무르다'는 말은 '구속하다'는 뜻으로
   1) 종으로 팔린 친척을 종의 상태에서 구원할 때
   2) 친척이 판 땅을 되찾아 줄 때
   3) 결혼한 형이 자식이 없이 죽었을 때, 동생이 형수를 통해 상속자를 낳아서 형의 기업을 잇게 할 때 사용되었다(수혼 제도).

2. 기업 무를 자는 근족, 친족으로 번역되는데 기업을 무르기 위해서는
   1) 근족이어야 하고(레 25:48, 49; 룻 3:12~13)
   2) 자원하는 마음이 있어야 하며(레 25:25)
   3) 기업을 무를 능력이 있어야 한다(룻 4:4~6).

3. 예수님이 우리의 기업 무를 자이다.
   1) 인간의 근족으로 오셨으며(갈 4:4~5)
   2) 자원하여 십자가를 지셨으며(요 10:18)
   3) 보혈의 능력으로 우리 죄를 씻으셨다(벧전 1:18~19).

2) 예레미야가 사촌의 밭을 산 것은 유다가 하나님의 징계를 받아 바벨론에 멸망하게 되지만, 하나님께서 다시 회복시킴으로

포로에서 돌아와 본래의 토지주인이 그 소유권을 다시 행사하
게 될 것을 상징적으로 보여 주기 위함이다.

11. 감추어진 돌 비유

렘 43:8~13

1) 유다의 남은 백성은 예레미야의 예언(렘 42:7~22)을 거짓 예
   언으로 여기고 그들의 뜻(렘 41:16~18)대로 애굽으로 내려
   갔다(렘 43:1~7). 그러나 이러한 태도는 하나님보다 애굽을
   의지하려는 불신앙적 태도였다.

2) 예레미야는 큰 돌들을 취하여 유다 백성이 볼 수 있는 바로의
   궁전 대문의 벽돌로 쌓은 축대에 진흙으로 감추라는 하나님의
   지시를 받았다(렘 43:8~9).

3) 돌들 위에 앉은 왕(렘 43:10)의 가시적인 상징은 애굽 왕의 통
   치가 몰락한 후 느부갓네살의 보좌가 세워질 것임을 나타낸다.

4) 예레미야는 큰 돌을 애굽 왕 바로의 궁전 대문의 벽돌로 쌓
   은 축대에 진흙으로 감추는 상징적 행동을 통해 하나님께서
   바벨론을 통해 남은 유다 백성이 그들의 도피처로 삼은 애굽

을 심판하실 것을 예언하고 있는 것이다.

5) 하나님께서 큰 돌을 애굽 왕 바로의 궁전 대문의 벽돌로 쌓
   은 축대에 진흙으로 감추라고 하신 이유는 바벨론 왕이 바로
   의 궁전을 점령했을 때 예언의 성취가 이루어진 사실을 유다
   백성에게 보여 주기 위함이다.

6) 하나님께서 바벨론을 통해 애굽을 멸망시키고자 하신 이유는
   하나님보다 세상을 의지하려는 자의 결과가 비참하다는 것을
   보여 주시기 위함이다. 실제로 이 예언은 B.C. 581년 바벨론
   의 느부갓네살이 애굽을 침공함으로 성취되었다.

12. 가라앉힌 책 비유

렘 51:59~64

1) 예레미야가 네리야의 아들(렘 32:12) 바룩의 동생인 스라야로
   하여금 바벨론 멸망에 대해 예언한 책을 돌에 매어 유브라데
   강 속에 던지도록 한 상징적 행동이다.

2) 이때는 시드기야가 바벨론 왕에게 조공을 드리러 갔을 때였
   는데 예레미야는 이스라엘의 조공을 받던 바벨론이 아주 멸망

하게 되리라고 예언했던 것이다.

3) 예레미야가 스라야에게 책에 돌을 매달아 강 속으로 던지라는 말을 한 것은 그 책 속에 포함된 말씀이 확실히 이루어진다는 표시였다.

4) 유대인들에게 있어서 돌은 역사적이며 예언적인 상징이었다. 돌은 어떤 성취된 사실을 후세에 전달해 주었으며 (수 4:19~24; 22:10~34) 장차 될 일을 위한 영원한 약정이었다 (창 31:43~55). 바벨론을 몰락시킨다는 하나님의 심판 예언은 돌처럼 틀림없는 것이었다.

5) 신약시대의 바벨론도 이와 유사한 상징으로 표현되고 있는데 그 웅장함은 훨씬 더하다.

계 18:21

II. 기타 비유

1. 유다에 관한 비유

1) 멍에를 꺾고 결박을 끊으며 행음하는 여인 (렘 2:20)

2) 이방 포도나무의 악한 가지 (렘 2:21)

3) 발이 빠른 암낙타 (렘 2:23)

4) 성욕에 헐떡거리는 들 암나귀 (렘 2:24)

5) 붙들려 수치를 당하는 도둑 (렘 2:26)

6) 패물과 예복을 잊은 신부 (렘 2:32)

7) 창녀 (렘 3:3)

8) 배역한 자식 (렘 3:14)

9) 두루 다니는 살진 수말 (렘 5:8)

10) 놋과 철 (렘 6:28)

11) 내버린 은 (렘 6:30)

12) 전쟁터로 향하여 달리는 말 (렘 8:6)

13) 숲속의 사자 (렘 12:8)

14) 무늬 있는 매 (렘 12:9)

15) 사막의 떨기나무 (렘 17:6)

16) 나쁜 무화과 (렘 24:8)

2. 바벨론에 관한 비유

1) 수풀에서 나오는 사자 (렘 4:7; 5:6)

2) 광야에서 불어오는 뜨거운 바람 (렘 4:11~12)

3) 사막의 이리와 표범 (렘 5:6)

4) 북방의 철과 놋 (렘 15:12)

5) 온 세계의 망치 (렘 50:23)

6) 온 세계를 멸하는 멸망의 산 (렘 51:25)

3. 예수 그리스도에 관한 비유

1) 생수의 근원 (렘 2:13)

2) 의사 (렘 8:22)

3) 의로운 가지 (렘 23:5)

4) 야훼 우리의 공의 (렘 23:6)

5) 왕 다윗 (렘 30:9)

03

예레미야애가

야훼의 인자와 긍휼이 무궁하시므로

우리가 진멸되지 아니함이니이다

이것들이 아침마다 새로우니

주의 성실하심이 크시도소이다

(애 3:22~23)

제1장

예레미야애가 개요

Ⅰ. 개요

1. 저자

본서의 저자가 예레미야라는 것에 대해서는 A.D. 18세기에 이르기까지 아무런 문제없이 인정되어 왔는데 18세기 이후 몇몇 학자들이 예레미야의 저작권을 부인하기 시작하였다. 그러나 70인역의 서언(이스라엘이 포로 된 후 예루살렘이 황폐한지라 예레미야가 앉아 울며 예루살렘을 애도하여 이 애가로 말하되……)은 예레미야가 저자임을 말하고 있으며, 히브리 전승과 이방의 전승에도 예레미야가 저자임을 인정하고 있다.

한편 예레미야서와 예레미야애가서 안에 들어 있는 시(詩) 부분이 유사한 것도 이를 입증해 준다(대하 35:25).

2. 기록 연대

예레미야가 전쟁 직후의 상황을 매우 사실적으로 묘사(애 1:1; 2:9~12; 4:4~10)하고 있는 것으로 보아 B.C. 586년 예루살렘 멸망 직후로부터 그가 죽음으로써 사역을 종결한 B.C. 580년경 사이에 기록되었을 것으로 볼 수 있다.

3. 기록 목적

예루살렘의 비극적인 멸망을 통해 하나님의 심판의 목적이 무엇인지를 밝힘과 동시에 유다 백성이 어떤 상황에 처하더라도 야훼에 대한 신앙을 버리지 않도록 하기 위해 기록하였다.

4. 특징

1) 유대인 애국자들은 금요일마다 통곡의 벽에서 애가를 낭독했으며, 다섯 개의 큰 재앙을 슬퍼하는 아빕월 9일 금식일에도 모든 유대인 회당에서 애가를 읽었다.

2) 예수님이 못 박혀 죽으신 갈보리 언덕에는 '예레미야의 동굴'이라는 곳이 있는데, 이는 예레미야가 황폐한 도시를 바라보며 이 애가를 작곡한 곳으로 알려져 있다.

5. 내용 요약

1) 예루살렘과 유다의 몰락(애 1장)

요시야 왕이 단행했던 종교 개혁이 식어 가고 우상 숭배가 성행하자 예레미야가 회개를 촉구했지만 예루살렘은 죄악으로 인해 멸망하고 말았다 (렘 32:30~35). 이제 예루살렘은 노예가 되었으며 동맹국 (애굽, 모압, 암몬, 베니게 등)은 배반하고 원수가 되었으며 제사장과 장로들은 걸식하다 기절해 버리고 말았다. 이는 그들의 죄에 대한 하나님의 공의로운 심판이었다.

애 4:1

_____

_____

2) 시온에 임한 심판과 유다의 황폐함 (애 2장)

예루살렘의 백성은 굶주려 죽어 갔으며 제사장과 선지자들은 살육당하고 아이들은 어른들의 양식이 되고 말았다.

애 2:11~12

_____

_____

_____

애 2:20

_____

_____

3) 고난을 겪는 예레미야와 소망(애 3장)

애 3:1

애 3:20~22

4) 죄의 결과(애 4장)

부녀가 손으로 자기 자식을 삶아 먹을 만큼 타락했는데 환난의 원인은 선지자들과 제사장들의 죄와 그들이 헛된 도움을 바랐기 때문이었다.

애 4:10

애 4:12~13

애 4:17

_____

_____

죄의 결과

	하나님의 은혜 시대	죄의 결과	성구
1	순금	질항아리	4:2
2	이스라엘 백성	타조	4:3
3	붉은 옷을 입음	거름더미를 안음	4:5
4	얼굴이 산호보다 붉음	얼굴이 숯보다 검음	4:7~8

5) 회개 기도(애 5장)

황폐한 땅에서 예레미야는 구원받기 위해 간구했다. 그는 하나님
께서 유다 백성을 버리시지 않을 것이라는 믿음을 가지고 있었다.

애 5:21

_____

_____

II. 명칭과 형식

1. 명칭

'애가'(אֵיכָה, 에카)는 '아, 어떻게' 혹은 '아, 슬프다'라는 뜻으로,

예레미야애가 1:1; 2:1; 4:1의 첫 단어로 등장한다. 일부 유대 랍비들은 이 말 대신 애가(哀歌) 혹은 만가(輓歌)라는 뜻인 '키노트'(תוֹנִיק)라는 말로 본서의 제목을 변경해서 사용했다. 한편 '키노트'란 원래 장례식에서 죽은 자를 애도할 때 사용된 말에서 유래되었다.

2. 형식

1) 다섯 개의 우울한 시로 구성되어 있다.

(1) 처음 4개의 시(애 1~4장)는 답관체(acrostic pattern : 각 행의 머리글자를 모으면 말이 되는 시)로 되어 있다.

(2) 예레미야애가 1, 2, 4장에서 각각의 구절은 첫 글자가 22개의 히브리 알파벳으로 연결된다. 예레미야애가 3장은 66절로 구성되어 있는데 이 알파벳 각각의 연속적인 글자는 하나가 아니고 세 개의 절이 할당되어 있다.

① 기억을 돕기 위하여
② 사람들의 고조된 슬픔을 상징하기 위해서(예를 들면 A에서 Z까지)
③ 답관체의 형식으로 제한을 시켜 절망적인 슬픔을 나타내기 위해서

(3) 시의 운율이 절뚝거리는 운율로 묘사되어 있으며 영상이 생생하다.

2) 고대에는 죽은 친구에 대해서 노래를 부르는 관습이 있었다.

(1) 사울과 요나단에 대한 다윗의 애가

삼하 1:17

---

(2) 아브넬에 대한 다윗의 애가

삼하 3:33

---

(3) 나라와 성읍에 임한 일반적인 재난에도 애가를 지어 부른 선
   지자들이 있다 (렘 7:29; 겔 19:1; 21:17; 27:2; 암 5:1).

렘 7:29

이런 애가들은 언약 백성인 이스라엘에 임한 슬픔을 통곡한 것이
고 외국의 침략으로 몰락한 시온의 딸이 겪은 수치를 개탄한 것이다.

제2장

예레미야애가 중심 메시지

본서는 대부분 예루살렘의 죄로 인한 심판을 애통해하는 것을 반영하고 있으므로 예루살렘에 대한 예수님의 애통과 비교해 볼 수 있다.

눅 13:34~35

눅 19:41~44

또한 본서는 다가오는 예루살렘의 황폐에 대한 예수님의 슬픔을 예표하고 있으며, 많은 구절이 메시아적 의미를 지니고 있다 (애 1:12; 2:15; 3:15, 19, 30).

애 2:15

Ⅰ. 죄에 대한 고백

애 1:8

_____

_____

애 3:39

_____

_____

애 5:16

_____

_____

Ⅱ. 소망 제시

애 3:21～32

_____

_____

애 5:21

_____

_____

바벨론은 정복자가 되었고 예루살렘은 정복을 당하였지만 미래에는 예루살렘이 영광을 받고 바벨론은 황폐한 땅이 될 것이다.

04

에스겔

"그가 내게 이르시되
인자야 이 뼈들이 능히
살 수 있겠느냐 하시기로
내가 대답하되 주 야훼여
주께서 아시나이다"

(겔 37:3)

제1장
에스겔서 개요

Ⅰ. 개요

1. 저자

본서가 부시의 아들로서 제사장인 에스겔에게 임한 환상과 계시의 기록이란 사실은 본서 전체에 반복적으로 나타나 있다 (겔 1:3; 3:16; 8:1; 18:1; 21:1; 22:1; 23:1; 24:1; 26:1; 28:1; 32:1; 34:1; 38:1). 그런데도 일부 비평학자들은 에스겔이 사로잡힌 지 수년 후에 예루살렘에서 벌어진 사건을 목격한 것으로 기록한 점 (겔 8, 11, 12장)을 들어 문제를 제기한다.

이처럼 에스겔서의 단일 저작에 대한 비평이 있기는 하지만 본서에는 "내가 보니", "야훼의 말씀이 내게 임하여" (겔 1:4; 29:17) 등 에스겔의 자서전적 표현이 많이 나타나 있을 뿐만 아니라 본서 전체가 제사장적 관점에서 통일성을 이루고 있는 점은 본서의 저자가 에스겔이라는 것을 입증해 준다.

2. 기록 연대

에스겔이 처음으로 환상을 본 때는 여호야긴 왕이 사로잡힌 지 제5년 4월 5일 즉, B.C. 593년이다. 그는 이때부터 사역을 시작하여 (겔 1:1~2) 마지막 환상을 본 제27년 정월 초일 즉, B.C. 571년까지 (겔 29:17) 22년간 선지자로 사역하였다.

따라서 본서를 기록한 시기는 B.C. 593~571년 사이 (에스겔의 소명 이후의 활동 기간)라고 볼 수 있다.

3. 기록 목적

현재 이스라엘의 멸망의 필연성과 함께 미래 하나님의 구원 계획을 선포함으로써 이스라엘 백성에게 용기를 주기 위해 기록하였다.

에스겔서는 하나님께서 현재 죄에 빠져 있는 이스라엘 백성을 심판하고 이스라엘을 멸망하게 한 민족들도 심판하실 것이지만, 이스라엘 백성은 장차 하나님의 은혜로 구원을 받게 될 것을 말하고 있다.

4. 특징

1) '하나님의 영광'을 강조하고 있다 (겔 1:28). 즉, 에스겔은 하나님의 영광의 형상을 통해 하나님께서 전지전능하시고 무소부재하시며 무한하신 분이심을 보여 주고 있다.

2) 유다 백성이 바벨론에서 포로 생활을 하는 동안 야훼께서 믿

음이 신실한 백성을 위해 친히 불가시적인 성전이 되셨음을 강조하고 있다 (겔 11:16~20).

3) 야훼는 이스라엘을 통하여 자기 자신을 만방에 드러내시므로 (겔 20:9, 14, 22) 이스라엘의 역사는 하나님의 이름과 동일한 의미를 갖는다는 것을 말하고 있다. 즉, 유다 백성이 바벨론의 포로 생활을 끝내고 귀환하게 될 때 야훼의 권위가 회복되어 하나님의 거룩한 영광이 드러나게 될 것을 말하고 있다 (겔 39:27).

4) 이스라엘은 전통적으로 '공동체의 책임'을 강조하는 것에 비해 에스겔은 하나님 앞에서 '개인의 책임'을 강조한다 (겔 14:13~14; 18:20). 예레미야도 개인의 책임을 강조했지만 (겔 31:29~30) 에스겔은 개인의 책임을 더 논리적으로 발전시켰다 (겔 18장).

5) 하나님께서 약속하신 구속의 은혜를 체험하는 백성의 상태가 잘 묘사되어 있다 (겔 40~48장). 완성된 하나님의 나라에서는 살아 계신 하나님께 완전한 예배가 드려지고 백성도 본래의 모습으로 회복될 것을 말하고 있다 (겔 47:1~12; 사 65~66장).

6) 에스겔서는 대부분 "하나님의 말씀이 내게 임하여 이르시되" (겔 29:17)라는 식으로 하나님의 말씀이 직접 기록되었다.

7) 에스겔서는 환상, 비유, 풍유, 묵시적인 상상, 상징적인 행동 등으로 가득 차 있으며, 에스겔의 문체는 고고하며, 산문과 시를 동시에 배치해 놓은 특징을 가지고 있다.

8) 이스라엘 백성이 애굽에서 우상을 섬긴 것(겔 20:1~9), 사탄의 과거 역사(겔 28:11~19), 새 성전의 모습(겔 40~42장), 생명의 강(겔 47장) 등에 대한 내용을 다루고 있다.

5. 내용 요약

범죄 하는 영혼은 죽게 되며 선민이라도 계속 죄를 지으면 심판을 받지만 이스라엘은 다시 귀환하여 하나님을 예배하게 될 것이다. 또한 하나님은 이 일을 신실하게 행하실 것이다.

1) 소명과 이스라엘의 심판(겔 1~24장)

(1) 겔 1:1~3:21 : 에스겔의 소명과 헌신

(2) 겔 3:22~24장 : 예루살렘과 이스라엘의 심판 즉, 포로 후 5년부터(겔 1:2), 6년(겔 8:1), 7년(겔 20:1), 9년째(겔 24:1) 일들을 말한다.

2) 이방 나라들에 대한 심판 선고(겔 25~32장)

암몬, 모압, 에돔, 블레셋, 두로, 시돈, 애굽 등 일곱 이방 나라에 대한 예언으로서, 망명 11년에 두로에 대하여 (겔 26:1), 10년 (겔 29:1), 27년 (겔 29:17), 11년 (겔 30:20), 그리고 12년 (겔 32:1)에 애굽에 대하여 예언한 것들이다.

3) 이스라엘의 구속과 회복과 이방 세계 권세의 몰락 (겔 33~39장)

(1) 에스겔의 전반부는 이스라엘과 이방에 대한 심판의 선언이었다. 그러나 하나님은 이스라엘을 다시 모아 야곱에게 주신 땅에서 안전하고 행복하게 살게 할 것을 약속하셨다 (겔 28:25; 29:21). 이 선언은 후반부에 구체적으로 나타나 있다.

겔 28:25

---

(2) 후반부는 예루살렘 멸망 후 1년 즉, 포로 12년부터 (겔 33:21) 포로 25년 사이에 기록된 것으로 보인다 (겔 40:1).

4) 하나님의 새 나라에 대한 예언적 내용 (겔 40~48장)

(1) 에스겔이 입신 상태에서 이스라엘 땅으로 인도되고 새 성전, 하나님을 섬기는 새 제도, 이스라엘 지파에 대한 가나안 땅의 새로운 분배 등을 보게 된다.

(2) 이 부분은 형식상 앞의 예언과 판이하게 구분되지만 내용은

이전 내용과 밀접하게 연관되어 있다.

II. 에스겔의 생애와 소명

1. 생애

1) '에스겔' (יְחֶזְקֵאל, 예헤즈켈)은 '하나님께서 강하게 하신다', '하나님이 단련시키신다'는 뜻을 가지고 있다.

2) 에스겔은 예레미야처럼 제사장의 가문에서 태어났다. 그의 아버지 이름은 부시였는데 사독계의 제사장이었을 것이다(겔 1:3; 40:46; 44:15).

겔 1:3

3) 에스겔 1:1의 '서른째 해'라는 말이, 당시 에스겔의 나이를 언급하는 것이라면 그는 B.C. 622년에 출생했을 것이며, 이때는 선한 왕인 요시야의 시대였다. 요시야 왕 시대에 율법 책이 발견되었고 종교 개혁이 이루어졌으므로 에스겔은 개혁의 황금시대에 제사장의 아들로서 소년 시절과 청년 시절을 보냈을 것이다.

겔 1:1

4) 에스겔은 25세 무렵 바벨론 2차 포로 때 (B.C. 597) 그발 강
   근처의 델아빕으로 끌려갔으며 그곳에서 아내와 함께 자기 집
   에서 살았다.

겔 8:1

5) 그에게 자녀가 있었는지 알 수 없으나 그의 아내가 갑자기 죽
   음으로써 그는 홀로 큰 시련을 이겨 나가야만 했다. 더욱이
   그의 아내의 죽음과 함께 곧 이어진 예루살렘의 멸망은 그에
   게 큰 충격을 주었다.

겔 24:18

6) 에스겔은 선지자이면서 제사장이었다. 그는 선지자의 옷차림을
   한 제사장이라고 말할 수 있다. 제사장적인 사상과 원리들이
   그의 행위를 절제하게 만들었으며 (겔 4:4), 그의 사역을 풍성
   하게 해 주었다.

겔 4:4

---

7) 그가 포로로 잡혀감에 따라 제사장으로서의 그의 사역은 예루
살렘의 가시적인 성전에서 행해지는 것이 아니라 갈대아에 있
는 영적인 성전에서 이루어지게 되었다. 그리고 제사장 직분
대신에 예언 사역과 목회 사역을 하는 대선지자가 되었다.

2. 소명

에스겔은 B.C. 597년 느부갓네살 왕이 유다를 두 번째 침략했을
때 잡혀갔다. 다니엘이 정복자의 왕궁에서 하나님의 대사로 일하도
록 보내진 사람이라면, 에스겔은 포로들 중에 있으면서 자기 백성
을 위해 일하도록 부름받은 선지자였다.

1) 인자를 부르심

(1) '인자'라는 말은 인간 본성의 나약함과 연약함을 나타내며 에
스겔서에 90번 이상 나온다. 하나님께서는 나약한 인간을 부
르셔서 하나님의 영광을 나타내신다.

* 하나님은 연약한 인간을 강하게 하여 사용하신다.

사 41:14~16

고전 1:27~28

---

2) 임무를 주심

하나님께서는 패역한 이스라엘 백성이 듣든지 아니 듣든지 말씀을 선포해야 하는 임무를 주셨다.

겔 3:10~11

---

3) 말씀을 주심

(1) 하나님은 에스겔에게 영적으로 두루마리를 먹이시고 전할 말씀을 주셨다. 그가 먹은 두루마리에는 애가와 애곡과 재앙의 말이 기록되어 있었다.

겔 2:10

---

(2) 두루마리의 내용은 왕국의 멸망과 예루살렘 성전의 파괴에
관한 것이었다. 에스겔은 그것을 배에 넣으며 창자에 채웠다
(겔 3:3). 즉, 그는 하나님의 말씀을 받아들여서 피와 살이
되게 하였다. 그가 그것을 먹을 때 입에서 달았다. 그것은 두
루마리가 하나님의 말씀이었기 때문이다.

3. 성격

1) 에스겔은 강하고 담대한 성격을 소유했으며 끊임없이 힘이 솟아
나는 사람으로서 단순하고 명확하며 직선적인 것을 좋아했다. 성
격이 완고했지만 민족을 위한 목자의 심정을 가진 사람이었다.

2) 에스겔은 율법의 망치로 완악한 마음을 깨뜨리는 선지자로서
심판할 때는 굽힐 줄 모르는 정의의 사자였다. 그러나 그는
향유를 부어 주고 상처를 싸매어 주는 선지자로서 상처를 낫
게 해 주는 외과 의사 노릇도 하였다.

3) 에스겔이 예레미야의 영향을 받았기 때문에 그들이 선포한 메
시지는 서로 일치한 점이 많았지만 그들의 자연적인 성향은
매우 달랐다. 예레미야는 애조를 띠고 과오에 대해 민감하며
온화한 반면, 에스겔은 무뚝뚝하고 고집이 세며 그의 예언을
부정하는 자들에 대해서는 제사장적인 자세로 대했다.

4) 그들은 부패에 대한 심판을 준엄하게 책망했지만 에스겔은 예레미야처럼 눈물을 흘리며 호소하지는 않았다. 그러나 에스겔의 환상은 그 어떤 선지자보다 명확했고 하나님의 임재를 매우 민감하게 감지했다.

5) 에스겔은 조직적이며 예술적이며 신비적인 사람이었다. 그는 하나님의 말씀을 깊이 연구하여 자신과 동포들에게 적용했다. 이런 이유로 그는 '구약 성경에서 최초의 조직신학자' 혹은 '개인적 책임을 강조하는 선지자'로 불렸다.

4. 당시 선지자와의 비교

1) 예루살렘이 바벨론에 의해 함락되는 사건을 전후하여 활동한 대표적 선지자는 예레미야와 다니엘과 에스겔이다.

2) 예레미야가 본국에 있는 백성에게 사역을 하는 동안 다니엘과 에스겔은 바벨론에서 포로 생활을 하는 유대인들에게 말씀을 전했다.

3) 예레미야는 애굽으로 잡혀가기 전까지 예루살렘에 남아 말씀을 전했으며, 다니엘은 제1차 포로기인 B.C. 605년에 잡혀갔고, 에스겔은 제2차 포로기인 B.C. 597년에 잡혀갔다.

4) 에스겔은 그가 포로로 잡혀가기 전 25세가 되기까지 예루살렘에서 예레미야의 설교를 자주 들었을 것이다. 따라서 에스

겔의 설교는 예레미야의 설교와 유사한 점이 많다.

5) 에스겔은 바벨론으로 사로잡혀 간 지 약 5년 후에 예언자로 부름 받았다. 그러므로 예레미야는 예루살렘이 멸망하기 전 약 20년 동안 유다에서 외롭게 예언 활동을 했다.

세 선지자의 사역 비교

선지자	활동 시기	대 상
예레미야	예루살렘이 멸망하기 전	예루살렘에 있는 유대인들
다니엘	바벨론 포로 기간	바벨론의 느부갓네살 왕궁에서
에스겔	예루살렘이 멸망하기 전·후	바벨론에 잡혀 온 유다 포로들

6) 에스겔서에 다니엘이 세 번 언급되었으나 (겔 14:14, 20; 28:3) 예레미야에 대한 언급은 없다.

겔 14:14

7) 에스겔이 바벨론에 도착했을 때 다니엘은 왕궁에서 총애를 받고 있었기 때문에 바벨론 전역에 잘 알려져 있었다.

8) 예레미야의 이름은 다니엘서에 한 번 언급되었으나 (단 9:2) 에스겔의 이름은 다니엘서나 예레미야서에 나오지 않는다.

9) 에스겔은 다니엘과 같이 망명 선지자였으나 다니엘은 바벨론 고위직에 있으면서 세상 나라의 권세를 정복하는 하나님 나라의 권세와 영광을 예언하였다. 이에 비해 에스겔은 포로인 이스라엘 백성의 파수꾼으로서 포로 시대에도 예레미야의 사역과 자신의 사역을 연관 지어 사역했다.

5. 시대적 배경

1) 정치상

(1) B.C. 597년에 느부갓네살 왕이 예루살렘을 포위하자 18세 된 유다 왕 여호야긴은 겨우 3개월간 왕위에 있다가 항복하고 일만 명의 포로 (왕하 24:14) 와 함께 바벨론으로 사로잡혀 갔다.

(2) 여호야긴 왕 다음으로 그의 숙부 맛다니야가 왕위에 올랐는데 왕이 되면서 시드기야로 이름을 고쳤다.

(3) 유대인들은 므낫세 왕이 포로가 되었다가 다시 돌아온 것과 같이 (대하 33:10~13) 여호야긴 왕도 곧 돌아와서 다시 왕위에 오를 것을 희망하고 있었다 (렘 28:2~4). 그러나 예레미야는 포로 기간이 길 것과 만일 유대인들이 느부갓네살 왕에게 굴복하면 살 것이라고 예언했다 (렘 27장). 에스겔도 포로들이 속히 돌아올 것에 대해 반대하며 하나님의 심판이 임박했음을 주장했다.

(4) 에스겔의 첫 메시지는 예루살렘의 멸망이 가까웠으며 불가피하다는 것이었다. 한편 여호야긴을 대신하여 왕이 된 시드기야는 얼마 동안 예레미야의 충고를 따라 느부갓네살에게 충성했다. 그러나 시드기야 왕의 신하 중 다수가 그 일을 반대했다.

(5) 애굽이 유다를 도와줄 것을 약속하고 주변국들도 충동하여 바벨론과의 충돌이 불가피하게 되었다. 또한 유대인들 중에는 시드기야보다 포로로 끌려간 여호야긴 왕에게 충성하려는 사람들이 많았다. 이와 같이 유다 왕국 말기의 정치적 상황은 심히 분열되고 혼란한 상태였다.

2) 경제상

(1) 유다 말기 남은 유대인들은 바벨론에 조공을 바치고 B.C. 597년에 느부갓네살 왕이 성전과 궁전의 보물들을 다 약탈해 갔으며 많은 상인들과 기술자들이 바벨론으로 사로잡혀 갔기 때문에 경제적으로 매우 어려웠다.

(2) 그래도 바벨론에 있는 유대인들의 생활 상태는 그렇게 비참하지 않았다. 유대인들은 바벨론에서 집을 지어 거주하면서 포도원을 가꾸며 정상적인 사회생활을 할 수 있었다.

렘 29:1∼7

(3) 이때 어떤 포로들은 상당한 재산을 모아 B.C. 538년 귀환하여 성전 건축을 위해 거액의 금품을 바친 것으로 추정된다.

스 2:68~69

(4) 그뿐 아니라 바벨론에 있는 유대인들과 팔레스타인에 있는 유대인들 간에 빈번한 교통이 있었다. 이러한 사실은 에스겔 자신이 포로 중의 한 사람이면서도 그의 예언 가운데 반바벨론 적 감정이 없는 이유를 설명해 준다. 그러나 그에게 그러한 감정이 없었던 가장 큰 이유는 야훼가 이스라엘의 죄를 심판하기 위해 바벨론을 도구로 사용하신다는 것을 알고 있었기 때문이다.

3) 종교상

(1) 유다의 정치적, 사회적 부패는 종교적 부패인 우상 숭배가 원인이었다. 그들은 포로가 된 후에도 회개할 줄 몰랐으며 에스겔이 예언한 대로 예루살렘이 바벨론에 함락될 것이라는 사실도 믿지 않았다.

(2) 이러한 유대 민족의 우상 숭배와 불신앙은 오히려 가벼운 것이었다. 그들은 이제 이스라엘의 하나님 야훼가 자기 백성을 멸망에서 구원하지 못한다고 생각했고 바벨론의 신인 '말둑' (Marduk)이 이스라엘의 하나님 야훼보다 더 강한 것같이 생각되었다.

(3) B.C. 586년 예루살렘이 함락된 후 애굽으로 피난 간 유대인들 중 몇몇은 야훼의 무력함을 원망하며 하늘 여신에게 제물을 드렸다 (렘 44:16~18). 그러므로 많은 유대인들이 멸망한 나라의 신보다 강대한 나라의 신을 섬기려고 하였다.

렘 44:16~18

---

(4) 이런 와중에도 에스겔은 끊임없이 악과 싸우며 난관을 헤쳐나갔다. 그것은 그의 이름대로 하나님께서 힘을 주셨기 때문에 가능했다. 그러나 에스겔서의 중심 어구나 문장구조, 그리고 메시지는 일반적으로 이해하기 어려운 편이다.

III. 에스겔서에 나타난 상징과 비유

1. 상징적 행동

에스겔은 많은 상징적인 행동을 통해 하나님의 메시지를 전했기 때문에 하나님께서 세우신 이스라엘 족속의 징조라고 할 수 있다.

겔 12:6

---

1) 예루살렘 성읍을 그리고 에워쌈

겔 4:1~3

'예루살렘 성읍을 그리고 에워싼 것'은 B.C. 586년에 바벨론이 유다에 침입하여 예루살렘 성읍을 포위할 것을 상징한다.

2) 에스겔의 몸을 묶음

겔 4:4~8

'에스겔의 몸을 묶은 것'은 하나님의 징계로 예루살렘이 멸망하는 것을 피할 수 없음을 상징하며, '눕는 날 수'는 북 왕국 이스라엘과 남 왕국 유다가 받을 고난의 남은 기간을 의미한다.

(1) 북 왕국 이스라엘의 남은 고난 기간은 390년으로, B.C. 930년 여로보암에 의해 분열한 때부터 바벨론 포로에서 귀환할 때까지이다.

(2) 남 왕국 유다의 남은 고난 기간은 40년으로, 남 왕국 유다가 멸망한 B.C. 586년부터 북 왕국 이스라엘과 같이 본국으로 돌아올 B.C. 537년까지이다. 즉, 남 왕국 유다가 멸망한 때부터 이스라엘이 귀환할 때까지이다.

이 연대 계산에 있어서는 여러 가지 주장이 있다. 따라서 우리가 중요시해야 할 것은 햇수가 아니라 그 '의미'이다. 한편 '기간을 정하신 것'은 하나님의 심판이 영원한 파멸을 위한 것이 아니라 회개를 통해 새롭게 하시기 위함이라는 것을 말해 준다.

욥 23:10

시 66:10

3) 식물을 달아서 먹음

겔 4:9~17

'식물을 달아서 먹은 것'은 예루살렘이 포위를 당하여 백성이 소량의 물과 부정한 떡(이방인의 떡)을 먹게 될 것을 상징한다.

실제로 바벨론의 제3차 예루살렘 침공 시, 유다 백성은 바벨론 군대에 의해 포위되었으며, 그 결과 외부로부터 식량의 반입이 중단되어 엄청난 기근이 겹치자 기근을 이기기 위해 자녀를 삶아 먹는 일까지 있게 되었다(애 4:10).

4) 에스겔의 머리털과 수염을 깎음(겔 5:1~17)

겔 5:1~4

'에스겔의 머리털과 수염을 깎은 것'은 하나님의 심판으로 유다가 완전히 멸망할 것을 의미하며, '머리털'은 하나님의 백성을 상징한다. 한편 '머리카락을 3등분을 한 것'은 형벌의 공평성과 필연성을 나타낸다.

겔 7:4

렘 21:14

5) 에스겔이 끌려감 (겔 12:1~16)

겔 12:3~7

‘에스겔이 끌려간 것’은 유다 왕 시드기야와 백성이 바벨론에 포로로 끌려갈 것을 상징한다. 시드기야는 바벨론 왕을 섬기라는 예레미야의 충고를 거부하고 (렘 27:2, 6, 8; 11:38, 17~18) 오히려 애굽을 의지했다 (렘 37:5). 그 결과 바벨론으로 잡혀가게 되었다.

왕하 25:4~7

6) 날카롭고 빛난 야훼의 칼 (겔 21:1~17)

겔 21:2~17

‘야훼의 칼’은 유다 전체에 닥칠 바벨론 (칼)의 공격을 상징한다.

7) 바벨론 왕의 칼(겔 21:18~23)

겔 21:19~23

'바벨론 왕의 칼'은 예루살렘에 임할 심판이 예리하고 신속하게 집행될 것을 의미한다.

8) 에스겔 아내의 죽음(겔 24:15~27)

겔 24:16~18

'에스겔 아내의 죽음'은 예루살렘이 완전히 멸망하게 될 것을 상징한다. 한편 에스겔은 아내의 죽음 앞에서도 슬퍼하거나 울지 말라는 명령을 받았는데, 이는 예루살렘이 멸망할 때 애곡하는 것도 잊어버릴 정도로 망연자실(茫然自失)하게 될 것을 의미한다.

9) 두 막대기(겔 37:15~27)

겔 37:16~25

'두 막대기'를 하나로 하는 것은 솔로몬 이후 남북 왕조로 분열되어 앗수르와 바벨론에 망하였던 이스라엘과 유다가 회복되어 다시 한 국가를 이루게 될 것을 상징한다.

2. 비유

비유는 상징적 행동과 같은 목적을 가진 것으로서, 비유는 말로 표현된 것이고 상징적 행동은 행동으로 나타났다는 점이 다르다.

1) 쓸모없는 포도나무 비유(겔 15:1~8)

겔 15:2~7

유다 백성을 '숲속에서 자란 쓸모없는 포도나무'로 비유했다. 즉, 열매 없는 무익한 존재로 전락해 버린 유다 백성을 하나님께서 심판하실 것을 예고한 것이다.

2) 간음하는 아내 비유(겔 16:15~34)

겔 16:15

겔 16:30~32

이 비유는 유다 백성이 남편 되신 하나님을 저버리고 (렘 3:20) 주변국 잡신들과 어울린 것을 비유한 것이다 (호 3:1).

3) 두 독수리 비유 (겔 17:1~21)

겔 17:2~7

이 비유는 시드기야가 하나님의 말씀을 어기고 바벨론을 대항하고 애굽을 의지하다가 멸망한 것을 비유한 것이다. 에스겔 17:3의 큰 독수리는 바벨론의 느부갓네살 왕을 가리키며 (렘 46:26; 49:22), 에스겔 17:7의 독수리는 애굽을 가리킨다 (겔 17:15).

렘 49:22

4) 백향목 비유(겔 17:22~24)

겔 17:22~23

이 비유는 바벨론에 포로로 끌려간 유다 백성이 다시 회복될 것을 의미한다. 즉, 이 비유는 메시아 왕국에 대한 예언으로서 백향목 꼭대기와 높은 가지는 메시아를 상징한다. 하나님은 유다(백향목)의 반역으로 구속 계획을 중지시키지 않고 백향목에서 취한 새 가지(성령으로 거듭난 이방 성도)를 새 땅에 심어 하나님의 나라를 확장하실 것을 예언한 것이다(롬 1:5; 9:24; 갈 3:8).

롬 1:5

갈 3:8

5) 두 여자 비유(겔 23:1~49)

겔 23:2~5

겔 23:11, 17

오홀라(북 왕국 이스라엘)는 앗수르와 행음하고, 오홀리바(남 왕국 유다)는 바벨론과 행음하다가 망한 것을 가리킨다.

6) 녹슨 가마 비유(겔 24:1~14)

겔 24:2~14

'녹슨 가마'는 예루살렘의 성읍을 상징하고 가마 안의 각을 뜬 양고기는 유다 백성을 가리킨다. 또한 가마 안의 찌들은 녹은 유다 백성의 범죄 행위를 가리킨다. 그리고 가마 안의 불은 바벨론의 군대를 가리킨다.

따라서 이 비유는 하나님께서 바벨론의 군대를 이용하여 유다 백성을 심판하실 것을 의미한다.

제2장
에스겔서 중심 메시지

I. 야훼의 영광

본서에 나타난 야훼는 왕좌에 앉아서 모든 창조물을 다스리는 절대적인 통치자로 묘사되고 있다. 에스겔은 이 야훼의 영광을 체험한 후부터 야훼의 영광(겔 9:3; 10:4, 18-19; 11:22-23)과 회복(겔 43:4-5; 44:4)에 초점을 맞추고 있다.

1. 야훼의 영광 체험

1) 에스겔은 포로가 된 지 5년 만에 그발 강가에서 야훼의 영광을 체험했다.

겔 1:1~5

_____

_____

계 4:7

_____

2) 이 환상은 하나님의 초월, 전능, 편재, 전지를 상징한다. 그것은 세계 속에 나타나는 영원하고 다양한 하나님의 권능을 의미한다.

3) 이러한 야훼의 영광은 다른 선지자들도 체험했지만 에스겔은 야훼의 영광을 유다 땅이 아닌 바벨론 즉, 원수의 나라에서 보았던 것이다.

4) 에스겔 당시 유대인들 중에는 바벨론의 신인 '말둑'(Marduk)을 하나님보다 더 강한 신으로 여기는 사람들이 많았으나 에스겔은 보좌 위에 좌정하시며 모든 신보다 뛰어나신 하나님의 영광을 본 것이다.

5) 그는 그발 강에서뿐만 아니라 다른 평지에서도 하나님의 영광을 체험함으로써(겔 3:23) 하나님의 영광과 권능에 사로잡히게 되었다.

겔 3:23

2. 떠나간 야훼의 영광

1) 에스겔은 영광과 권능의 하나님이 이스라엘을 바벨론에서 구

원해 주시지 않은 이유를 환상을 통해 알게 된다. 그는 성령에 이끌려 예루살렘 성으로 옮겨져서 사람들의 죄에 대한 네가지 광경을 보게 되었던 것이다.

(1) 에스겔은 성전의 북쪽 제단문 어귀에 세워진 질투의 우상 (출 20:5; 신 32:16)을 보았다.

겔 8:5

_____

_____

출 20:5

_____

_____

(2) 에스겔은 성전 안에서 은밀하게 이방신을 예배하는 광경을 보았다.

겔 8:6~12

_____

_____

(3) 에스겔은 죽은 것 같으나 봄이 되면 다시 살아나는 담무스를 위하여 애곡하는 여인들을 보았다.

겔 8:14

_____

_____

(4) 에스겔은 야훼의 성전을 등지고 동쪽 태양에 예배하는 약 25
    명의 제사장을 보았다.

겔 8:16

_____

_____

2) 야훼의 영광은 이처럼 부정한 곳에 머물 수 없다. 그러므로 성
   전에 임하였던 야훼의 영광이 (겔 8:4) 성전 문지방에 이르러 먹
   그릇을 찬 천사에게 명령을 내리신 다음 (겔 9:3, 4), 다시 성전
   바깥뜰 동문에 머무신 후 (겔 10:19) 성전을 완전히 떠나 성읍
   동쪽 산으로 이동하여 그곳에 머무르게 되었다 (겔 11:22).

겔 8:4

_____

_____

겔 9:3~4

_____

_____

겔 10:19

_____

_____

겔 11:22~23

_____

_____

3) 하나님은 그의 영광을 다른 신(神)과 나눌 수 없기 때문에 떠
   나간 것이다. 오늘날도 우리의 신앙 여하에 따라 하나님의 영
   광이 머물 수도 있고 떠날 수도 있다.

삼상 4:19~22

_____

_____

3. 야훼의 영광 회복

1) 에스겔은 이스라엘이 장차 회복되어 영광을 누리게 될 것(겔
   40~48장)과 전에 떠나갔던(겔 10:18~22; 11:22~24) 야훼의
   영광이 다시 새 성전에 돌아와 성전에 가득한 것을 보았다(겔
   43:1~6).

겔 43:1~6

2) 그 영광은 떠날 때와 똑같은 길로 정확히 돌아온다. 예수 그
   리스도는 야훼의 영광으로서 하나님의 영광을 이스라엘 민족
   에게로 돌려주실 것인데, 이는 예수 그리스도께서 이 땅에 다
   시 오실 미래에 성취될 것이다.

3) 에스겔은 하나님의 영광을 강조했는데, 하나님은 그의 영광에
   관심을 두신다. 그러므로 하나님의 백성은 그에 합당한 영광
   을 하나님께 돌려야 한다.

고전 6:19~20

고전 10:31

II. 개인의 자유와 책임

에스겔은 하나님 앞에서 개인의 자유와 책임을 강조하는데, 이

는 개인적 신앙을 언급한 예레미야의 영향을 받았을 것으로 본다 (렘 31:29~30). 그는 예레미야의 메시지에 자신의 특유한 강조점을 덧붙인다.

렘 31:29~30

1. 연대 책임

1) 유대인들은 국민 전체, 지파, 부족 간의 연대 책임 의식을 가지고 있었다. 즉, 개인은 한 부족이나 민족 전체의 번영과 패망에 관계하고 있다고 생각했다. 예컨대 이스라엘 백성은 아간 한 사람의 죄 때문에 아이 성 공격에 실패했다. 아간 한 사람의 죄가 민족 전체를 실패하게 했던 것이다.

수 7:1~5

수 7:20~21

2) 연대 책임은 대표 원리와 그 맥(脈)을 같이한다.

롬 5:12~19

행 16:31

고전 15:22

2. 개인 책임

1) 조상의 죄 때문에 백성이 심판을 받는다는 계약 공동체의 책
   임 사상은 이스라엘의 일반적 전통이었으나 에스겔은 개인의
   책임도 강조했다.

겔 18:2~4

겔 18:20

- -

- -

2) 에스겔의 개인 책임 사상은 개인 사상의 선구자인 예레미야보
   다 더 철저하다.

렘 5:1

- -

- -

겔 14:14

- -

- -

3) 에스겔은 주어진 계시의 선포에 대해서는 책임을 지지만 그
   결과에 대해서는 책임지지 않는다.

겔 33:2~6

- -

- -

겔 3:27

- -

딤후 4:1~2

4) 각 사람은 자기의 죄로 인하여 죽고 자신의 믿음과 의로 인하여
   구원을 받는다. 그러나 개인과 공동체는 무관한 것이 아니다.

행 16:31

고전 15:22

III. 말세에 대한 예언

에스겔의 말세 예언은 에스겔 이전의 선지자들도 언급한 것이지
만 에스겔은 그의 예언 가운데 묵시적 특색을 가미했다.

1. 말세의 대환난

1) 종말에 죄인들에게 임할 대환난 (겔 14:19; 22:22)

겔 7:7~9

2) 그날은 '기근과 사나운 짐승과 전염병과 살육의 날' (겔 5:15~
   17), '폭우가 내리며 큰 우박 덩이가 떨어지며 폭풍이 몰아치는
   날' (겔 13:11), '맹렬한 불꽃이 꺼지지 않는 날' (겔 20:47-48),
   '흐리고 캄캄한 날' (겔 34:12)이다. 그중에서도 가장 무서운 것
   은 '야훼의 칼' (겔 21:3~5)과 '야훼의 패망의 잔' (겔 23:31~
   34)이다.

겔 21:3~5

겔 23:31~34

2. 메시아 시대의 도래

1) 미래의 그날에는 다윗의 후예가 영원한 왕이 될 것이다 (겔 37:24~26).

겔 34:23~25

메시아적 통치자에게 적용되는 '목자'라는 말은 에스겔 이후로부터 종말 사상의 불변 특징이 되었다.

2) 메시아 시대의 축복

(1) 백성의 죄가 정결함을 받는 것이 전제 조건이 된다 (겔 36:33).

(2) 사방으로 흩어졌던 이스라엘 백성이 돌아온다 (겔 20:34; 11:17).

(3) 무덤 속에 있는 자들도 나오게 된다 (겔 37:12~14).

(4) 땅이 기름지게 변할 것이며 (겔 36:34-35), 평화와 풍년이 올 것이다 (겔 34:25~27).

(5) 이스라엘의 원수인 이방 나라가 모두 멸망을 받게 될 것이다 (겔 38-39장).

(6) 귀환하여 무너진 성을 수축하고 종교 제도를 확립하게 된다.

이때 마곡(Magog) 땅의 왕인 곡(Cog)이 이방 나라들과 합하여 회복된 이스라엘을 침략하려고 한다(겔 38:1~16). 그러나 결국은 야훼가 나타나셔서 그들을 전멸시킬 것이며 그의 백성은 하나님이 주신 땅을 영원히 소유할 것이다. 또한 열국은 심판을 받고 이스라엘 족속은 야훼 하나님을 알게 될 것이다.

겔 39:21~22

IV. 기타 메시지

1. 새 심령 창조

1) 아담이 타락한 후 인간의 마음이 굳어져서 하나님을 멀리하게 되었는데 하나님은 이러한 인간에게 부드러운 마음을 주신다.

겔 11:19

2) 여기서 '부드러운 마음'이란 '살과 같은 마음'을 말하는데, 이
   는 하나님께서 포로 생활을 마치고 귀환한 백성의 심령을 근
   본적으로 변화시켜 줄 것을 의미한다.

겔 36:25~27, 31

2. 종교의식 강조

1) 에스겔은 종교의식의 중요성과 성전 예배의 이상화(理想化)
   를 강조하는데, 이는 하나님의 영광과 권능에 대한 그의 이해
   에서 나온 것이다.

2) 에스겔은 바벨론 사람들이 참신(神)이 아닌 우상에게 장엄하
   게 예배를 드리는 것을 보고 참신이신 야훼를 예배할 때에는
   얼마나 더 엄숙하게 예배드려야 할 것인지를 깨달았다.

3) 에스겔은 본래 제사장으로서 선지자의 직분을 부여받았기 때
   문에 종교의식의 중요성을 더 강조했을 것이다.

겔 4:14

4) 에스겔은 가장 미워할 죄는 이방의 종교의식으로서 성전을 더
   럽히는 것임을 밝히면서 (겔 8～10장) 이방의 저속한 종교의
   식과 초월적 존재이신 야훼의 영광과 존엄성을 대조했다.

5) 종교의식에 대한 에스겔의 교훈은 제사장들의 의복에 관한 것
   과 제사장을 일반 백성으로부터 거룩하게 구별하는 것이었다.

겔 44:17～19

3. 유대주의의 발전

1) '유대주의'란 유대인들의 종교 (유대교)를 가리키는 것으로,
   아브라함이나 모세에게서 그 기원을 찾아볼 수 있으나 더 확
   실한 것은 요시야 왕의 종교 개혁 때부터 시작하였다.

2) 그 후 포로기에 유대교는 더욱 발전되고 구체화되었는데 에스
   겔은 유대교의 발전에 중요한 영향을 끼쳤다. 따라서 에스겔
   은 에스라와 함께 '유대교의 아버지'라는 평을 받는다.

3) 에스겔은 이스라엘의 포로 전과 후 전환기의 예언자로서 민족
   의 멸망을 초래하게 했던 이방주의에 대항하여 이스라엘을 수
   호하는 일에 공헌하였다.

4) 유대교에 끼친 에스겔의 영향

(1) 에스겔은 유대교의 신비주의에 영향을 끼쳤다. 에스겔의 환상
   은 주로 B.C. 2세기부터 A.D. 2세기까지의 광범위한 묵시문
   학을 산출해 내게 하였다. 그러나 후대 유대의 묵시문학 작가
   들은 에스겔의 문체와 형식을 빌려 썼을지라도 에스겔과 같이
   하나님의 영감을 받아쓰지는 않았다.

(2) 유대교의 제사 의식에 영향을 끼쳤다. 에스겔은 야훼의 명령
   에 대해 문자 그대로 순종해야 한다고 강조했다. 따라서 유
   대인들은 종교의식을 위반하는 것을 도덕적 율법을 범하는
   것같이 간주했다.

(3) 유대주의의 문학과 예술에도 영향을 끼쳤다. 이처럼 에스겔
   은 유대교의 사고방식, 문학, 예술 등에 큰 영향을 끼쳤기 때
   문에 '유대교의 아버지'(The Father of Judaism)라고 불리고
   있다.

제3장
에스겔이 본 환상

에스겔은 '환상 (이상)의 선지자'로 유명하다. '환상'이란 말은 다니엘서에 가장 많이 나오며, 그다음으로는 에스겔서에 많이 나온다.

에스겔의 '환상'은 '야훼의 영광의 형상의 모양' (겔 1:28)을 보여주는 것에서부터 당시 이스라엘과 그 시대의 특징과 의미 (겔 8장), 그리고 미래의 구속받은 이스라엘의 이상적인 체계 (겔 40~48장)를 보여 주는 것에 이르기까지 광범위하다.

고대 정통적인 예언자들에게 있어서 환상은 단순히 신비한 광경을 보는 것이 아니라 역사 속에서 일어날 사건에 대한 하나님의 전달방식이었다. 따라서 '환상'은 곧 '야훼의 말씀'을 드러내는 것과 같다.

암 1:1

_____

_____

사 1:1

_____

_____

옵 1:1

_____

_____

Ⅰ. 그룹의 환상 (겔 1:1~28)

1. 네 생물의 얼굴

1) 사람의 얼굴

사람은 네 생물 중 가장 고귀한 존재로서 만물의 영장인 사람의
얼굴은 지식과 지혜의 상징이며, 신 (神)의 현현 (顯現)의 상징이다.

겔 1:10

_____

_____

겔 10:14

_____

_____

2) 사자의 얼굴

사자는 짐승 중 왕으로서 주권과 왕권을 암시하므로 사자는 왕의 상징이다. 또한 사자는 힘과 용기의 표본으로 인정된다.

3) 소의 얼굴

소는 가축 중 최고의 동물로서 봉사, 희생, 끈기, 노력, 힘, 인내, 종의 상징이다.

4) 독수리의 얼굴

독수리는 새 중의 왕으로서 격렬하고, 예민하며, 품위 있는 것을 상징하며 도덕적인 숭고함과 헌신을 나타낸다. 뿐만 아니라 독수리는 신비와 신성을 상징한다.

사복음서와 비교

	마태	마가	누가	요한
상징	사자	소	사람	독수리
묘사	예언된 왕	섬기는 종	인자	하나님의 아들
수신자	유대인	로마인	헬라인	교회
주요 사상	율법	능력	은혜	영광

2. 생물의 모습

겔 1:6~14

1) '네 날개'(겔 1:6)는 하나님의 뜻을 '신속히' 행하는 것을 의미하며, 날개가 둘씩 연결된 것(겔 1:11)은 공동의 추진력에 의해 '조화롭게' 활동하는 것을 의미한다.

2) '곧은 다리'(겔 1:7a)는 '좌우로 치우침 없이' 하나님의 일을 추진하는 것을 의미한다.

3) '송아지 발바닥 같고'(겔 1:7b)라는 말은 하나님의 명령에 절대적으로 '순종'하는 것을 의미한다.

4) '광낸 구리같이 빛나며'(겔 1:7b)라는 말은 하나님의 권능을 힘입어 사명을 수행하는 것을 의미한다.

5) '사면 날개 밑에는 각각 사람의 손이 있더라'(겔 1:8)는 말은 쉬지 않고 사명을 감당하는 것을 의미한다.

3. 생물들의 바퀴

겔 1:15~18

1) '땅 위의 바퀴'(겔 1:15)는 하나님의 섭리 가운데 있는 역사와 인생의 과정을 뜻한다. 즉, 하나님의 뜻과 섭리가 우주의 전 영역에 미치는 것을 의미한다.

2) '바퀴 안에 바퀴가 있는 것 같으며'(겔 1:16)라는 말은 하나님의 뜻이 하늘에서 이루어진 것같이 땅에서도 이루어지는 것을 의미한다.

마 6:10

3) '돌이키지 아니하고 가며'(겔 1:17)라는 말은 하나님의 섭리가 정직하고 불변하심을 나타낸다.

4) '바퀴들의 둘레에 눈이 가득하며'(겔 1:18)라는 말은 하나님은 광대하시고 지혜로우시며 전 세계를 다 보시고 주관하시는 분이심을 가리킨다.

시 147:5

사 40:28

계 4:6

대하 16:9

에스겔이 본 하나님의 영광

1. 선지자의 소명을 받게 되었을 때 (겔 1:1~28)
2. 죄를 범한 백성에게 심판을 선포하도록 보냄을 받았을 때 (겔 3:22~27)
3. 우상 숭배로 인해 예루살렘 성전에서 야훼의 영광이 떠날 때 (겔 8:1~18; 11:22~24)
4. 떠나셨던 야훼의 영광이 다시 새 성전에 가득했을 때 (겔 43:1~5)

II. 두루마리의 환상 (겔 2:9~3:3)

고대의 책들은 두루마리에 앞뒤로 기록되었는데 대부분 양피는 말려 들어가는 안쪽만 기록되었다. 그러나 이 두루마리는 뒤에도 기록되었으며 임박한 재앙에 대한 계시로 가득 차 있었다.

겔 2:9~10

에스겔은 환상 중에 이 두루마리를 먹으라는 명령을 받았는데,
이는 실제 먹으라는 말이 아니라 심판의 메시지를 받아들이고 그
뜻을 철저하게 파악해야 한다는 것을 의미한다 (렘 15:1; 요 6:53~
58; 계 10:9~10).

겔 3:1~3

요 6:53~58

'달기가 꿀 같더라' (겔 3:3)는 말은 하나님의 명령을 따르는 것
이 힘들더라도 순종하면 큰 위로와 즐거움이 된다는 뜻이다.

시 19:8

시 119:92

시 40:8

III. 우상 숭배에 대한 환상 (겔 8:1~18)

겔 8:3~6

이스라엘 백성은 심판이 선포되었음에도 불구하고 우상을 위하여 애곡하였으며 심지어 장로들도 우상 숭배를 자행하고 있었다.

1. 질투의 우상 숭배 (겔 8:3, 5)

1) 에스겔은 성전 뜰에서 하나님의 영광을 봄과 동시에 백성의 불신앙을 나타내는 어두운 면도 보게 되었다.

2) 또한 성전 안뜰로 들어가는 입구에서 하나님의 질투를 격발시

키는 '질투의 우상'을 보았다 (출 20:4, 5; 신 32:21). 하나님께서 성소에서 떠나신 이유가 바로 이 때문이었다. 하나님께서는 그를 대적하는 우상에 대해 참으실 수가 없으셨던 것이다 (겔 8:5-6; 신 4:23~24).

신 32:21

신 4:23~24

2. 곤충과 짐승 숭배

겔 8:7~12

(1) 에스겔은 성전 뜰을 지난 다음 담에다 구멍을 파고 구멍으로 들어가라는 명령을 받았는데 그 안에서 장로들이 각양 곤충과 가증한 짐승과 우상의 방 안에서 분향하는 것을 보게 되었다.

(2) 70명의 장로들은 온 백성을 상징한다(출 24:1; 민 11:16, 24~25).
　　이 장로들은 우상 숭배의 행위가 드러나지 않도록 벽으로 차단된
　　방에서 가증스러운 행동을 하고 있었다. 그들은 '야훼께서 보지 아
　　니하신다'고 하며 하나님의 전지성과 편재성을 부인하였다(겔 9:9).

겔 9:9

3. 담무스 숭배

겔 8:14

(1) 에스겔은 성전 문 입구에서 담무스를 위하여 애곡하는 여인
　　들을 보았다. 담무스는 식물의 성장과 다산(多産)을 주관하
　　는 바벨론의 신이었다.

(2) 전설에 의하면 청년 담무스가 사랑의 여신인 이쉬타르를 그
　　리워하던 중 죽었다가 다시 회복되었다고 한다. 따라서 죽어
　　가는 신을 위한 애곡과 다시 살아난 담무스를 경축하는 일이
　　고대 근동 지방에 퍼져 있었다. 그런데 이스라엘 여인들도
　　이를 따랐던 것이다.

4. 태양 숭배

겔 8:16~18

_____

_____

(1) 마지막으로 에스겔은 야훼의 성전 문 곧 현관과 제단 사이에
서 약 25명이 야훼의 성전을 등지고 낯을 동쪽으로 향하여
동쪽 태양에 예배하고 있는 것을 보게 된다 (겔 8:16). 여기서
25명은 24명의 제사장 집단 (대상 24:5 이하; 대하 36:14 이
하; 스 10:5)과 한 명의 대제사장을 포함한 것이다.

스 10:5

_____

_____

(2) 이러한 전 국민적인 우상 숭배의 결과로 이스라엘은 심판을
받게 되었다.

Ⅳ. 예루살렘의 심판에 대한 환상 (겔 9:1~11)

에스겔은 우상 숭배의 결과 하나님의 심판이 임하는 것을 보았
다. 하나님은 사람들을 구별하여 심판하셨다.

1. 먹 그릇을 찬 사람

겔 9:1∼2

예루살렘 성을 심판하기 위해 여섯 사람이 살육하는 기계를 들고 성 위의 문에서 나오고 있었다. 그런데 그들과 함께 오는 한 사람은 칼을 차지 않고 서기관이 쓰는 먹 그릇을 차고 있었다. 그는 가는 베옷을 입고 있었는데 이런 옷은 제사장이 입는 것으로 순결을 상징하였다.

레 16:4

2. 이마에 새겨진 표

겔 9:3∼4

1) 하나님의 영광이 성전 중심에서 문지방에 이르렀을 때 하나님 은 먹 그릇을 찬 사람에게 가증한 일로 탄식하며 울었던 자들 의 이마에 표를 하게 하셨다.

2) 이 상징적인 표는 성경에 일반적으로 나타나는데 (출 12:7; 13; 28:36; 계 7:3; 9:4; 14:1), 이는 하나님의 명령을 시행하는 천사와 집행자들이 바르게 식별하도록 하기 위한 것이다.

출 12:7

_____

_____

계 9:4

_____

_____

3. 하나님의 심판

겔 9:6~10

_____

_____

1) 에스겔은 심판의 환상을 보고 놀라 중보 기도를 드렸다. 그러나 이스라엘의 죄악이 가득하여 하나님의 심판은 취소될 수 없었다. 남녀노소를 불문하고 심판하시되 조금도 긍휼을 베푸시지 않았다. 다만 심판에 대해 탄식하며 울었던 이마에 표를 한 사람들은 생명이 보존되었다 (겔 9:6).

2) 하나님의 심판이 성소에서부터 시작되었다는 것은(겔 9:6) 성전에 머문다고 해서 심판을 피할 수 있는 것이 아니라는 것을 의미한다. 성전에 심판이 시작되면 얼마 있지 않아 세상도 심판을 받게 된다(겔 9:7).

V. 마른 뼈의 환상 (겔 37:1~14)

포로로 흩어져서 소망이 없는 이스라엘 백성을 회복하는 것에 대한 환상으로서 마른 뼈들이 서로 연결되며 힘줄이 생기고 살이 오르며 피부가 덮여서 산 군대로 일어나는 광경이다.

1. 절망 상태

겔 37:1~2

---

1) 마른 뼈들이 골짜기에 가득한 것은 침략군들에 의해 황폐함과 살육을 당한 이스라엘 백성을 나타낸다.

2) 뼈가 심히 많고 말랐다(겔 37:2)는 것은 영적으로 오랫동안 죽은 상태에 있었다는 것을 의미하며 생명의 원천이신 예수 그리스도가 없는 인생을 말한다.

2. 회복의 소망

겔 37:5~8

....

....

1) 마른 뼈가 살아나는 것은 불가능하지만 하나님은 죽은 자를 살리시고 없는 것을 있게 하시는 전능하신 창조주이시다.

2) 뼈들이 서로 들어맞는 소리가 나며 그 뼈들에 힘줄이 생기고 살이 오르고 피부가 덮였으나 아직 생기는 없었다 (겔 37:8).

3. 하나님의 생기

겔 37:9~12

....

....

1) 골짜기에 있던 마른 뼈들이 살아 움직이는 큰 군대가 되었다. 하나님께서 땅의 흙으로 인간을 지으시고 그의 코에 생기를 불어넣어 생명을 만드셨던 것처럼 (창 2:7) 하나님께서는 그들의 무덤을 열어 그들을 이스라엘 땅으로 인도해 주시겠다고 약속하셨다 (겔 37:12).

2) 이 비유는 이스라엘의 회복을 의미하는 것으로 하나님의 전능하심을 나타낸다.

VI. 새 성전의 환상 (겔 40:1~43:12)

1. 새 성전의 의미 (겔 40:1~2)

1) 에스겔은 포로 생활을 한 지 25년이 되는 해(B.C. 573년)에 새 성전에 대한 환상을 보았다. 그는 환상 중에 예루살렘 성에 갔는데 하나님의 권능이 그를 시온 산(욜 2:32; 히 12:22)에 내려놓았으며 거기서 예루살렘 성전을 보았다.

겔 40:1~2

2) 이 성전은 실제 건립된 성전이 아니므로 학자들은 이를 신약시대의 교회, 천년왕국 시대의 성전, 신약시대 교회에서 행해지는 성만찬 등으로 본다.

2. 새 성전의 특징 (겔 40:5~49)

1) 사면에 있는 한 장대(약 3.3m)의 높은 담은 외부의 부정한 자들이

나 짐승의 침입을 막아 하나님의 거룩함을 보존하기 위함이다.

겔 40:5

_____

_____

민 1:51

_____

_____

2) 성전 외벽 세 면의 세 문 즉, 동문(겔 40:5~16), 북문(겔 40:20~23),
남문(겔 40:24~27)은 성전 어느 편에서든지 하나님께 나아갈 수 있
도록 하기 위한 하나님의 배려다. 하나님께 나가기 위해서는 하나님
이 만들어 놓으신 문을 통과해야 한다.

요 10:1

_____

_____

요 14:6

_____

_____

3) 성전 바깥뜰에서 안뜰로 들어가는 세 개의 출입 방에 놓인 제

사 기구는 하나님께 나오는 자는 반드시 피 흘린 제사를 통해 나와야 함을 의미한다.

겔 40:39~43

히 9:22

4) 안뜰 북문 곁에 있는 레위 지파의 게르손, 고핫, 므라리 가문에 속하는 자들이 성전을 지키고 관리하는 제사장들의 방은 제사장들이 자기 직분을 잘 감당하기 위해 만반의 준비를 하는 곳인데, 이는 우리의 맡은 바 직분에 충성을 다해야 할 것을 나타낸다.

겔 40:44~45

에스겔이 본 성전과 뜰

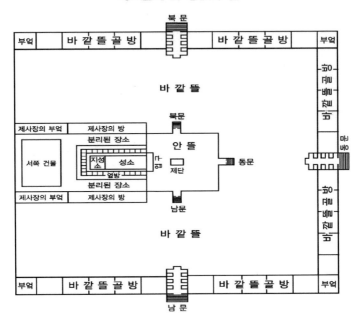

새 성전의 구조

성전 바깥뜰의 동문 (5～16), 바깥뜰 (겔 40:17～19), 북문 (겔 40:20～23), 남문 (겔 40:24～27), 안뜰의 남문 (겔 40:28～31), 동문 (겔 40:32～34), 북문 (겔 40:35～37), 번제물 씻는 방 (겔 40:38), 제물을 잡는 상 (겔 40:39～42), 갈고리 (겔 40:43), 제사장의 방 (겔 40:44～47), 성전 현관 (겔 40:48～49)

3. 새 성전의 영광 회복 (겔 43:1~12)

백성의 죄악으로 예루살렘을 떠나셨던 하나님께서 다시 영광의
모습으로 돌아오셨다. 지금 성전에 넘치는 영광은 한때 예루살렘을
멸망시켰던 그 영광이다.

겔 43:1~3

VII. 생명수 강의 환상 (겔 47:1~12)

에스겔이 보았던 경이로운 강은 성소에서 나와 문지방 밑을 지나
제단 밑으로 흘러내려 가 강이 되었다. 하나님은 생명의 강물이 흘
러나오기 전에 그의 백성 가운데 거하시기 위해 돌아오셨다.

겔 43:7~9

사도 요한의 환상 속에 나타난 강은 그 근원을 '하나님과 어린양
의 보좌' (계 22:17)에 두고 있었다. 주님은 생수의 원천이시며 (요
4:10~14) 생명의 원천 (시 36:9)이시기 때문에 그의 백성은 '주의
복락의 강물' (시 36:8)을 마시게 된다.

1. 물의 급격한 증가

겔 47:3~5

....

....

지류(支流)의 유입이 없어도 계속 증가하는 이 물은 메시아의
통치는 끝이 없음을 가리킨다.

사 9:7

....

....

슥 14:8~9

....

....

2. 물의 생명력

겔 47:7~12

....

....

1) 성소에서 나온 물은 청결했기 때문에 물이 흐르는 곳마다 모

든 생물이 살 수 있었다. 생수는 치료하는 효능이 있다.

2) '아라바 사막' (겔 47:8)은 하나님과 멀어진 세상의 메마름을 상징한다 (시 107:4-5; 사 35:7). 생수는 사해도 소성시킬 수 있지만 사해가 치료하는 물을 거절한다면 그 진펄과 개펄은 되살아나지 못하고 소금땅이 될 것이다 (겔 47:11).

05

다니엘

"다니엘이 든 굴에
가까이 이르러서 슬피 소리 질러
다니엘에게 묻되
살아 계시는 하나님의 종 다니엘아
네가 항상 섬기는 네 하나님이
사자들에게서 능히 너를 구원하셨느냐 하니라"

(단 6:20)

제1장

다니엘서 개요

I. 개요

1. 저자

비평학자들은 본서에서 다니엘이 3인칭으로 언급된 점이나 부활과 심판에 대한 사상이 고도로 발달한 점 등을 들어 다니엘의 저작설을 부인한다. 그러나 본서는 B.C. 605년 바벨론 포로로 잡혀가서 (단 1:1) 고레스 왕 3년 (단 7:1; 8:1; 9:1; 10:1~2; 11:1)까지 살았던 다니엘이 저자임을 밝힌다. 뿐만 아니라 예수님도 본서를 다니엘이 기록하였음을 인정하셨다 (마 24:15; 단 9:27; 11:31; 12:11).

2. 기록 연대

다니엘이 힛데겔 강가에서 마지막으로 계시를 받았는데 (단 10~12장), 이때가 B.C. 536년으로 명시된 것으로 보아 본서의 기록 시기는 B.C. 536년에서 그의 사망 연대인 B.C. 530년 사이로 추정할 수 있다.

3. 기록 목적

이스라엘 백성이 하나님께 불순종한 결과 고난을 당하고 있음에
도 불구하고 하나님은 여전히 그의 백성을 보호하고 보존하시는 분
이심을 밝히고, 아울러 하나님은 인류의 역사를 주관하시고 섭리하
시는 절대 주권자이심을 밝히기 위해 기록하였다.

4. 특징

1) 예언의 골격이며 구약 성경의 예언적 계시의 열쇠가 되는 본
   서는 이방 나라와 이스라엘을 관련하여 하나님의 계획을 자세
   히 계시하고 있다.

2) 인간의 역사는 하나님의 절대 주권 아래 있음을 보여 준다. 특
   히 다니엘 1~6장에 기록된 사건들을 통해 하나님은 이스라엘
   백성이 포로 생활 가운데 있을지라도 다시 구원해 내실 수 있
   는 절대자이심을 보여 준다.

3) 어떤 어려운 상황에 처하든지 하나님의 능력을 믿고 의지하면
   승리하게 된다는 것을 잘 보여 주고 있다. 다니엘과 그의 세
   친구는 생명의 위협을 느끼는 최악의 상황에서도 신앙을 지킨
   결과 승리하였다 (단 1, 3, 6장).

4) 부활 사상 (단 12:1-2)과 메시아사상 (단 2:34-35; 7:9, 10, 13- 14,
   22; 9:25-26; 10:5~9)이 잘 나타나 있다.

5) 다니엘 1:1~2:4a과 다니엘 8:1~12:13은 히브리어로 기록되었으며, 다니엘 2:4b~7:28은 아람어로 기록되었다.

5. 내용 요약

1) 다니엘 생애의 주요 사건(단 1~6장)

(1) 믿음을 지킨 다니엘과 세 친구(단 1장)

다니엘이 바벨론 왕궁에 있게 된 이유와 그의 세 친구에 대한 설명이 나온다. 이들은 하나님께 대한 신앙의 절개를 지키기 위하여 왕이 내리는 음식을 먹지 않았는데, 이를 통하여 하나님의 전능하심을 증거하게 되었다.

(2) 느부갓네살 왕의 신상에 대한 꿈(단 2장)

느부갓네살 왕이 꿈을 꾸었는데 갈대아의 박사들은 아무도 그 꿈을 해몽하지 못했으나 다니엘은 하나님께 기도하여 꿈을 해몽하였다. 꿈의 내용은 네 개의 세계제국과 멸망에 관한 것이다.

(3) 다니엘의 세 친구와 풀무불 사건(단 3장)

다니엘의 세 친구가 금 신상에 절하지 않았다는 이유로 풀무불 가운데에 던져졌으나 주님의 능력으로 구원을 얻게 되었다.

(4) 느부갓네살 왕의 큰 나무에 대한 꿈(단 4장)

느부갓네살 왕이 그의 꿈이 성취된 것을 온 백성과 속국들에 조서를 내려 알렸다. 그는 한때 미쳤으나 전능하신 하나님의 장중(帳

中)에서 그가 자신을 겸손하게 한 결과 그러한 상태에서 회복하게 되었다고 증거하였다.

(5) 벨사살 왕의 최후 (단 5장)
벨사살 왕이 군사들을 위해 베푼 잔치 자리에서 벽에 나타난 글씨를 목격하였는데 이를 다니엘이 해석해 주었다.

(6) 다니엘의 사자 굴 사건 (단 6장)
메대의 다리오 왕 때 다니엘이 동료의 시기와 질투를 받아 사자 굴에 던져졌으나 하나님의 기적으로 구원을 받게 되었다.

2) 다니엘이 본 환상 (단 7~12장)

(1) 네 짐승의 환상 (단 7장)
다니엘은 바다에서 올라온 네 짐승의 환상을 보게 되는데, 이는 네 제국을 상징한다.

(2) 두 왕국에 대한 환상 (단 8장)
다니엘은 숫양과 숫염소로 상징된 바사와 헬라에 대한 환상을 보게 된다.

(3) 칠십이레 환상 (단 9장)
다니엘이 자기 민족의 죄 사함과 예루살렘의 회복을 위해 간절히 기도한 결과 칠십이레에 대한 환상을 보게 된다.

(4) 다가올 환난과 승리에 대한 환상 (단 10~12장)

고레스 왕의 치세 3년간의 일로서 바사와 헬라 세력에 관한 구체적 내용이 포함된 환상이 등장한다. 또한 북쪽과 남쪽 나라의 전쟁이 등장하고 이러한 열강 중에서 마지막으로 성지를 지배할 나라가 등장한다.

II. 생애와 소명

1. 생애

1) '다니엘' (דניאל) 은 '하나님의 재판장 (심판) 이시다' 라는 뜻이다.

2) 다니엘은 요시야 왕이 개혁할 당시 (B.C. 621) 유다의 귀족 가문에서 태어났다. 한편 다니엘을 히스기야 왕의 자손 중의 한 사람으로서 열왕기하 20:17, 18; 이사야 39:7에 예언된 사람으로 보는 견해도 있다.

왕하 20:17~18

사 39:7

3) 다니엘은 10대 후반(B.C. 605)에 사드락, 메삭, 아벳느고와 함께 제1차 바벨론 포로로 잡혀갔다. 그들은 흠이 없고 용모가 아름다우며 학문에 익숙한 자들로서(단 1:4) 느부갓네살 왕은 자신의 시중을 들도록 하기 위해 그들을 선택하였다.

단 1:4

4) 왕은 그들에게 바벨론의 신들과 관계된 이름을 지어 주었으나 그들은 바벨론의 신들을 경배하지 않고 끝까지 하나님께 대한 신앙을 지켰다.

2. 소명

1) 다니엘은 적어도 B.C. 605년부터 B.C. 536년까지 선지자로 사역하였으며(단 10:1), 그가 언제 어디서 죽었는지에 대해서는 알려지지 않았다.

단 10:1

2) 다니엘은 목적의식이 강하고, 지혜로우며, 재치 있고, 예의 바르며, 용맹스럽고, 겸손한 기도의 사람이었다. 그래서 하늘의

천사들이 세 번이나 그를 '크게 은총을 입은 자'라고 했다 (단 9:23; 10:11, 19).

단 9:23

_____

_____

3) 다니엘은 바벨론 사람들과 포로 중에 있는 유대인들에게 이방 나라와 유다 나라에 대하여, 그리고 말세까지 연결되는 나라들에 관하여 예언하였다. 그러나 다니엘은 여러 가지 이유에서 구약의 다른 선지자들과 달랐다. 그 이유는 다음과 같다.

(1) 이사야와 예레미야처럼 예언적 사역에 대해 특별한 부름을 받지 않았을 수 있다.
(2) 예언자적인 '은사'를 받았지만 다른 선지자들과 같은 예언자적인 '직능'을 받지는 않았다.
(3) 왕궁에서 사역했다.
(4) 이방 나라에 관하여 많은 것을 예언했다.
(5) 묵시적인 책을 쓴 구약의 유일한 선지자이다.
(6) 그의 책은 말세에 관한 모든 말씀을 해석하는 열쇠가 된다.

3. 시대적 배경

다니엘서의 시대적 배경

나라	통치자	연대 (B.C.)	특징	성구
바 벨 론	나보폴라살	626~604		
	느부갓네살	605~562	● 애굽을 격파 ● 수리아, 팔레스틴 정복 ● 포로를 잡아감	대하 35:50 사 10:9 렘 46:2
	에윌므로닥	562~560	● 여호야긴을 옥에서 풀어 줌	왕하 5:27~30
	네르갈사레셀	560~556	● 예레미야 석방	렘 39:3
	라바시말둑	556	● 제사장들에 의해 폐위	
	나보니두스 (정왕)	556~539	● 아들 벨사살 (벨사루스: 섭정왕)과 함께 통치	단 5장
메대	다리오			단 6장
바 사	고레스	558~529	● 539년 바벨론 정복 ● 메대·바사 설립 ● 유대 포로 석방	대하 36:22~23 스 1:1

1) 느부갓네살 왕 시대(단 1:1~6)

(1) 바벨론에 새로운 갈대아 왕조(신 바벨론)가 나보폴라살에
   의해 건설되었다. 나보폴라살은 당시 근동 지방에 제국을 건
   설하고 있던 앗수르를 침공하여 세력을 확장했으나 앗수르는
   애굽과 동맹하여 바벨론의 침공을 저지하였다.

(2) 그러자 바벨론은 메대와 결혼 정책으로 동맹했다. 바벨론의
   '느부갓네살' 황태자와 메대의 '아미티스' 공주가 결혼을 한
   것이다.

(3) B.C. 612년 여름 바벨론과 메대의 동맹군은 앗수르의 니느웨 성을 공격하여 함락시켰다. 그 후 몇 년 동안 앗수르가 잔존하였으나 실제로는 이때 멸망한 것과 다름이 없었다.

(4) 앗수르가 멸망한 후 이스라엘은 잠시 애굽의 영향권에 들게 되었다. 그러나 야심만만한 바벨론의 느부갓네살 황태자는 B.C. 605년 갈그미스(Carchemish)를 기습하여 애굽군대를 패퇴시켰고 그 여세를 몰아 애굽의 국경까지 진군하였다.

(5) 그러는 중에 그의 부왕인 나보폴라살의 서거 소식을 접하였다. 왕위 계승을 염려한 느부갓네살 황태자는 일부 수행원과 함께 급히 고국으로 돌아갔다. 그리고 뒤에 남아있던 그의 군대는 이스라엘을 침공하여 포로를 사로잡아 돌아왔는데 이때 다니엘이 잡혀 왔던 것으로 여겨진다 (단 1:1~6).

2) 벨사살 왕 시대

(1) 벨사살은 정식 왕위 계승자가 아니라 그의 부왕인 나보니두스(Nabonidus)의 섭정왕이었다. 고대 바벨론 역사의 연대에는 나보니두스(B.C. 556~539)가 바벨론의 최후 왕으로 나타나 있다.

(2) 그 때문에 성경 비평학자들은 이 사실을 다니엘서의 순수성을 부인하는 증거로 삼았다. 그러나 19세기 중엽에 발굴된 고대

바벨론 서판들에 의하면 벨사살은 나보니두스의 아들이며 나보니두스가 데마에 가서 정착하는 동안 그의 모든 왕권을 아들인 벨사살에게 위임했다는 사실이 확인되었다. 여기에서 벨사살이 다니엘을 셋째 통치자로 삼았다는 구절이 확연히 해석된다.

단 5:29

_____

_____

3) 다리오 왕 시대

(1) 메대와 바사는 서로 농맹국이었는데 고레스가 비사를 다스리면서부터 메대는 바사의 종속국이 되었다. 그러나 고레스 왕이 양국을 균등히 다스렸기 때문인지 헬라의 역사가들 중에는 메대와 바사를 동의어로 사용하기도 했다.

(2) 다리오는 구바루(Gubaru)라고도 했던 메대 왕으로 여겨지며 바사 왕 밑에 있던 장군으로서 고레스가 총독 내지 왕 다음 가는 사람으로 임명하여 갈대아 지역(바벨론)을 다스리게 하였다.

4) 고레스 왕 시대

(1) 바사는 본래 엘람 왕국의 멸망(B.C. 645) 후에 출발한 작은 나라였다. 그러나 바사는 고레스 왕(B.C. 559~530) 때에 급격히 발전하여 주변의 메대를 병합하고 신 바벨론 제국을 멸

망시켜 대 페르시아 제국을 세웠다.

(2) 고레스 왕은 바벨론과는 달리 그의 피지배국에 대해 관대한
    종교정책을 썼을 뿐 아니라 오히려 장려까지 하였다. 고레스
    왕 원년에 유다는 포로에서 해방되어 예루살렘으로 돌아왔다.

스 1:1

바사 제국의 왕

	바사 왕	연대 (B.C.)	비고
1	고레스 (Cyrus the Great)	559~530	스 1:1
2	캄비세스 (아하수에로)		
	(Cambyses) (Ahasuerus)	530~522	
3	다리우스 대제 (Darius the Great)	522~486	마라톤 전쟁
4	아하수에로 (크셀크세스 1세)	486~465	에 1:1
	(Ahasuerus) (Xerxes Ⅰ)		
5	아닥사스다 (롱기마누스)	465~425	스 7:1, 느 1:1
	(Artaxerxes) (Longimanus)		
6	크세르크세스 2세 (Xerxes Ⅱ)	425~423	
7	다리우스 2세 (노디우스)	423~404	
	(Darius Ⅱ) (Nothius)		
8	아르타크세르크세스 2세 (Artaxerxes Ⅱ)	404~359	
9	아르타크세르크세스 3세 (Artaxerxes Ⅲ)	359~338	
10	아세스 (Arses)	338~336	
11	다리우스 3세 (코도마누스)	336~330	
	(Darius Ⅲ) (Codomanus)		

제2장

다니엘서 중심 메시지

I. 하나님께 대한 신앙

1. 다니엘과 세 친구의 절개(단 1:8~21)

1) 사건의 배경

다니엘과 그의 세 친구가 왕의 진미와 포도주를 거절했는데 그 이유는 다음과 같다.

(1) 왕의 진미에 나오는 고기가 피 채 먹는 고기이거나(신 12:23-24)
(2) 부정한 동물의 고기이거나(레 11:10~12)
(3) 우상에게 바쳐졌던 음식(고전 10:27-28) 중의 하나였을 것이다.

따라서 그들은 율법의 규례(레 11:2~8)를 지키기 위해 거절했던 것이다.

2) 믿음의 행동

다니엘과 그의 세 친구는 '사람이 떡으로만 사는 것이 아니요 야훼의 입에서 나오는 모든 말씀으로 살아야 한다' (마 4:4)는 믿음을 가졌을 것이다. 그들은 왕의 진미를 먹지 않아도 먹는 사람보다 더 강하고 더 건강하리라는 것을 확신했던 것이다.

3) 믿음의 결과

다니엘과 그의 세 친구는 채소와 물만 먹었는데도 왕의 진미를 먹은 사람보다 더 아름답고 윤기가 났다. 그리고 하나님의 지혜와 명철을 받아 온 나라의 박수와 술객보다 10배나 나은 사람들이 되었다.

단 1:20

_____

_____

2. 풀무불 가운데의 네 사람 (단 3:1~30)

1) 사건 배경

(1) 느부갓네살 왕은 꿈을 꾼 후 60규빗 (약 27m) 되는 금 신상을 세우고 모든 관리들이 나아와 절하게 하였다. 그러나 사드락과 메삭과 아벳느고는 우상 숭배를 하지 않으려고 금 신상에 절하기를 거부하였다. 그 결과 그들은 극렬히 타는 풀무불 가운데로 던져지게 되었다.

(2) 그리스도께 온전히 헌신한 삶을 살려면 박해의 용광로를 각
오해야 한다. 시험을 당하는 것은 이상한 일이 아니다.

벧전 4:12

_____

_____

요 15:18∼20

_____

_____

빌 1:29

_____

_____

2) 믿음의 고백

느부갓네살 왕은 사드락과 메삭과 아벳느고에게 크게 노했다. 그
래서 이제라도 금 신상에 절을 하도록 그들을 유혹하고 위협했다.
그러나 세 사람은 담대히 그들의 신앙을 고백하였다.

단 3:16∼18

_____

_____

합 3:17~18

....

....

3) 믿음의 결과

(1) 예수님이 직접 풀무불 가운데에 들어가셔서 구해 주셨다. 이
    런 일은 그들의 믿음으로 말미암은 것이다.

히 11:34

....

....

(2) 하나님은 고난을 통과한 세 사람에게 영광을 주셨다 (단 3:30).
    고난 후에 영광이 따른다.

단 3:30

....

....

히 12:2

....

....

롬 8:18

....

....

3. 사자 굴속의 다니엘(단 6:1~28)

1) 사건 배경

시대가 바뀌었어도 다니엘은 세 명의 총리 중 하나로 일하고 있었다. 다리오 왕은 다니엘을 신임하여 '수석 총리'로 삼고자 하였다. 그러자 다른 두 총리가 다니엘을 제거하기 위한 계획을 세웠다. 그들은 다니엘이 규칙적으로 하루 세 번씩 기도하는 것을 알고 다니엘을 제거할 기회로 삼아 그 누구라도 30일 동안에 왕 이외의 어느 신이나 사람에게 무엇을 구하면 사자 굴에 던져 넣기로 한 악한 계교를 세웠다.

2) 믿음의 행동

다니엘은 왕의 조서가 내려진 후에도 전에 행하던 대로(단 6:10) 하루에 세 번씩 기도하였다. 하나님은 뒤로 물러가는 신앙을 기뻐하지 않으신다.

단 6:10

....

....

히 10:38

3) 믿음의 결과

(1) 다니엘이 사자 굴에 던져졌으나 다니엘을 총애했던 다리오 왕조
차도 자신의 명령에 얽매여 그를 구할 수 없었다. 구원은 오직
야훼께로 말미암은 것이므로 인간을 의뢰하는 것은 무익하다.

시 146:3〜4

(2) 하나님은 천사를 보내어 사자의 입을 막고 다니엘을 보호해
주셨으며 대적들을 모두 멸하시고(단 6:24) 그를 형통하게
해 주셨다(단 6:28).

단 6:24

잠 11:8

단 6:28

....

....

II. 하나님의 역사적 섭리

느부갓네살 왕이 꾼 두 꿈과 벨사살 왕의 잔치에서 나타난 신비한 손을 통하여 인간 역사가 하나님의 정하심에 있음을 알 수 있다.

1. 큰 신상의 꿈(단 2:31~45)

1) 배경

(1) 느부갓네살 왕은 자신의 꿈 내용과 해석을 위해 술사와 점쟁이와 예언자의 도움을 구했으나 소용없자 모두 죽이겠다고 했다.

단 2:11~13

....

....

(2) 일의 전말(顚末)을 알게 된 다니엘은 세 친구에게 중보 기도를 부탁하고 기도한 결과 꿈에 대한 계시와 해석이 주어졌다.

단 2:17~19

2) 해몽

꿈 (31~35)	해석 (36~45)	
부분	암시된 내용	역사적 성취
순금으로 된 머리	느부갓네살 왕의 통치	**신 바벨론 제국** (B.C. 626~539)
은으로 된 가슴과 팔	바벨론보다 못한 왕국	**메대 · 바사 제국** (B.C. 539~330) 두 팔은 메대와 바사를 뜻함.
놋으로 된 배와 넓적다리	세계를 다스리게 될 왕국 놋은 알렉산더 대왕 암시	**헬라 제국** (B.C. 330~63) 두 다리는 동양과 서양을 뜻함. 알렉산더가 서양과 동양을 합한 헬라 제국을 세움.
쇠로 된 종아리	뭇 나라를 쳐부수고 정복 하는 쇠같이 강한 왕국	**로마 제국** (B.C. 63~A.D. 476) 로마도 동 · 서양을 합해 세웠기 때문에 두 개의 종아리임.
쇠와 진흙으로 된 발과 발가락	왕국의 분열, 강대국과 약 소국이 공존할 것임.	**감추어진 교회 시대** (B.C. 4~?) 예수 탄생부터 세상 끝날 열 뿔 가진 짐승 출현
산에서 나온 돌	하나님께서 세우실 영원 한 왕국으로서, 이 세상의 모든 나라를 파하고 영원 히 서게 될 것임.	하나님 나라는 전파되고 있는 중 이며, 그리스도인들은 그 나라가 도래하기를 대망함.

느부갓네살 왕이 본 신상

(단 2장)

순금으로 된
머리
(32, 38절)

은으로 된
가슴과 팔
(32, 39절)

놋으로 된
배와 넓적다리
(32, 39절)

쇠로 된 종아리
(33, 40절)

쇠와 진흙으로 된
발과 발가락
(33, 41~44절)

산에서 나온 돌
(34, 45절)

이방인의 때
눅 21장 24절

(단 7장)

신 바벨론 제국 독수리 날개 가진 사자(4절)	B.C. 625~539
메대 · 바사제국 세 갈빗대를 물고 있는 곰(5절)	B.C. 539~330
헬라 제국 새 날개 넷과 머리 넷을 가진 표범(6절)	B.C. 330~63
4 등분된 헬라 1. 리시마쿠스 2. 카산더 3. 셀류쿠스 4. 톨레미	
로마 제국 무섭고 쇠로 된 이를 가진 짐승 (7a절)	B.C. 63~ A.D. 476
감추어진 교회 시대 열 뿔 가진 짐승(7b절)	B.C. 4~?
다른 한 뿔 적그리스도 출현(8절)	7년 환난
천년왕국 심판보좌, 인자 (9~14절)	대심판

느부갓네살 왕이 본 신상에 대한 해석

(단 2장)	정통개혁주의	세대주의	자유주의
순금으로 된 머리 (32, 38절)	바벨론 제국	바벨론 제국	바벨론 제국
은으로 된 가슴과 팔 (32, 39절)	메대·바사 제국	메대·바사 제국	메대 나라
놋으로 된 배와 넓적다리 (32, 39절)	헬라 제국	헬라 제국	바사 제국
쇠로 된 종아리 (33, 40절)	로마 제국	로마 제국	헬라 제국
쇠와 진흙으로 된 발과 발가락 (33, 41~44절)	로마 이후 그리스도 재림까지 등장했다 사라질 모든 나라	알 수 없는 공백기, 재생 로마 제국	분열한 헬라 제국
산에서 나온 돌 (34, 45절)	그리스도의 왕국 (하나님의 나라)	그리스도의 왕국, 대심판, 하나님의 나라	이스라엘 재건 (실제 그렇게 되리라는 예언이 아닌 다니엘의 희망)

3) 결과

역사적으로 이 꿈은 모두 해몽대로 성취되었다. 따라서 다섯 번째 왕국(영원한 왕국)도 하나님의 때에 성취될 것이다.

2. 큰 나무의 꿈(단 4:1~37)

1) 배경

(1) 느부갓네살 왕은 하나님의 섭리를 체험했음에도 불구하고(단 2장) 금 신상을 만드는 죄를 범했다(단 3장). 이에 하나님께서는 느부갓네살 왕을 징벌하실 것이라는 꿈을 주셨다.

(2) 느부갓네살 왕은 꿈에 상당히 높고 무성한 나무를 보았는데 그 나무는 하늘에서 내려온 순찰자의 외침으로 베임을 당해 파멸하게 된다. 그 열매는 흩어지게 되고 그 가지들은 더 이상 새와 짐승의 은신처가 되지 못하며 그루터기만 남기고 베인 바 되었다. 이 꿈도 바벨론의 술사들은 풀지 못했으나 다니엘이 정확하게 해석했다.

2) 해몽

(1) 큰 나무는 왕을 상징하고, 그 나무의 견고함과 열매는 왕의 부와 권세이며, 베임을 당하게 되는 것은 왕의 붕괴를 상징한다.

(2) 나무가 땅의 중앙에 서 있는 것은 바벨론의 주변국에 대한 영향력을 말해 준다. 고대 동양인들은 인간의 위대함과 힘을 나무로 비유했다.

(3) 나무 아래 모여 있는 새와 들짐승은 느부갓네살 왕의 통치 아래 결합하여 있는 여러 민족을 나타내는 비유적 표현이다.

3) 결과

(1) 꿈은 일 년 뒤에 실현되었다. 느부갓네살 왕의 교만이 극에 달했을 때(단 4:28~30) 하나님의 심판이 임하여, 그는 정신병자가 되었다.

단 4:28~30

_____

_____

(2) 그는 7년이 지난 후에 정신이 돌아와 왕좌에 복귀할 수 있었
다. 하나님은 권력을 임의로 주관하시는 분이시다.

3. 신비한 손가락 (단 5:1~31)

1) 배경

(1) 벨사살 왕은 느부갓네살 왕 시대에 역사하신 하나님을 무시
하고 하나님 전의 금·은그릇을 꺼내어 술을 마시는데 갑자
기 손가락이 나타나 왕 맞은편 벽에 글자를 쓰기 시작했다.

단 5:5~6

_____

_____

(2) 창백해진 벨사살 왕은 그 글씨를 해석하기 위해 박사들을 불렀으
나 해석하지 못하고 있을 때 왕비가 왕에게 다니엘을 소개했다.

단 5:10~11

_____

_____

2) 해석

다니엘은 벨사살 왕의 무서운 범죄를 책망하고 바벨론이 멸망하여 메대와 바사 사람들이 그 나라를 나누어 가지게 되리라고 예언하였다.

단 5:25~28

....

....

3) 결과

(1) 바벨론 성은 매우 견고한 성이었다. 고고학적 발굴에 의해 복원한 결과 이 성의 둘레는 약 96km, 외벽은 3.3m, 내벽은 6.3m의 두께였다.

(2) 바깥 성벽은 유프라테스강물을 끌어들여 만든 약 11m 깊이의 방어로가 있었으며, 약 18~19.5m 간격으로 250여 개의 초소들이 세워져 있었다. 그런데 벨사살 왕이 패망하던 날 밤에 메대와 바사의 연합군은 유프라테스의 강물 줄기를 다른 곳으로 돌리고 이 성에 침입하여 바벨론을 멸망시켰다.

III. 다니엘의 예언

1. 네 짐승의 환상(단 7:1~8)

1) 다니엘이 본 네 짐승의 환상은 바벨론이 멸망하기 14년 전 벨사살 왕 원년에 받은 계시인데, 그 내용은 느부갓네살 왕의 금 신상에 대한 계시의 재해석으로서 앞으로 일어날 네 제국에 대한 예언이다.

단 7:1

2) 다니엘이 환상에서 본 '하늘의 네 바람'은 네 나라를 지키는 천사들 또는 하나님께서 세상 나라들을 세우고 역사하도록 임명하신 하나님의 권세자들을 의미하며, '큰 바다'는 하나님을 대적하기 위해 일어나는 세상의 악한 세력을 의미한다.

단 7:2~3

바다에서 올라온 네 짐승의 비유 (단 7:4~7)

짐승	성경	내 용	나라	순금 신상
사자 모습에 독수리 날개 • 날개가 뽑힘	4	• 사자 (땅의 권세가 완벽한 나라) • 날개 (신속한 속도로 주변 국가 정복) • 영화로운 나라를 상징 • 느부갓네살의 교만으로 왕권을 빼앗김 • 회개한 후 7년 만에 다시 회복	바벨론	순금 머리
곰 같은 것이 몸 한 쪽이 들렸고, 입에 세 갈비뼈를 묾 • 한쪽 몸이 들림 • 세 갈비뼈	5	• 메대 바사는 곰처럼 우직하고 무자비한 나라 (전쟁 때 전략으로 싸우지 않고 인해 전술로 밀어붙임) • 메대·바사 연합군 중 바사가 주도권을 잡은 것 상징 • 정복한 나라 (루디아, 바벨론, 이집트)	메대·바사	은 가슴과 팔
날개 달린 표범 • 4개의 머리 • 4 권세를 받음	6	• 역사상 가장 신속하게 많은 나라 정복 • 4 장군을 중심으로 세계를 정복 • 알렉산더 대왕이 괴로워 방탕과 열병으로 죽자 나라는 4 장군 중심으로 분열	헬라	놋 배와 두 넓적다리
무섭고 놀랍고 매우 강하며 쇠로 된 큰 이 (齒)가 있어 먹고 부서뜨리고 발로 밟음	7	• 로마는 인간 역사상 최대의 제국으로서 정복한 나라를 산산이 짓밟고 무자비하게 살육하며 문명을 짓밟음 • A.D. 117년에는 구라파에서 인도까지 모두 점령	로마	쇠 종아리와 열 발가락

다니엘 7:7과 7:8 사이에는 2천 년의 역사가 흐르지만 이 2천
년의 교회 시대에 대해서는 하나님께서 다니엘에게 보여 주지 않
으셨다.

단 7:7~8

단 2장과 7장의 비교

구분	2장	7장
상징물	큰 신상 (2:31)	네 짐승 (7:3)
주제	세상 나라의 멸망 (2:44, 45)	세상 나라의 멸망 (7:26)
꿈꾼 자	느부갓네살 (2:1)	다니엘 (7:1)
강조점	네 나라의 파멸	넷째 짐승에 대한 관심
심판자	하나님 (2:44)	인자와 옛적부터 항상 계신 이 (7:13)

2. 숫양과 숫염소에 대한 환상(단 8:1∼14)

다니엘이 첫 환상(단 7장)을 본 후 2년 만에 다시 본 환상과 해석으로서 숫양과 두 뿔은 메대와 바사 제국을 상징하고, 숫염소는 마케도니아를 상징한다. 또한 그 두 눈 사이의 '현저한 뿔'은 바사를 멸망시킨 알렉산더 대왕을 상징한다.

또한 작은 뿔의 환상은 알렉산더 대왕이 죽은 후 분열된 네 왕국 중 작은 뿔로 비유된 셀류쿠스 왕조의 안티오쿠스 에피파네스의 박해와 성전 모독 사건과 성전 회복까지의 환상이다.

단 7장과 8장의 환상 비교

구분	7장	8장
상징물	네 짐승 (3절)	숫양과 숫염소 (4∼7절)
주체	세상 나라의 멸망 (26절)	세상 나라의 권세 (24절)
활동 기간	한때, 두 때, 반 때 (25절)	이천삼백 주야 (14절)
심판자	인자 같은 이 (13절)	밝히지 않고 암시적으로 말함 (25절)

단 2장, 7장, 8장의 환상 비교

구분	2장	7장	8장
환상의 내용	심판의 목적을 밝힘	심판의 주체를 밝힘	7장의 환상을 일부분 확대 부연함
세상 세력의 상징	금 신상	네 짐승	숫양과 숫염소
의미	웅장하고 화려함	잔인하고 포악함	제국의 운명과 백성의 시련

1) 다니엘이 본 환상 (단 8:1~8)

(1) 두 뿔을 가진 숫양 (메대와 바사, 단 8:1~4)

① 이 동맹국은 전쟁에 나갈 때 머리에 숫양의 뿔을 가진 모자를 썼다.

② '나중 난 뿔이 더 긴 것' (단 8:3)은 바사가 메대보다 더 강한 것을 상징한다.

③ '숫양이 서쪽과 북쪽과 남쪽을 향하여 받은 것' (단 8:4)은 메대와 바사가 서쪽과 북쪽과 남쪽에 위치한 나라들을 정복하는 것을 의미한다.

(2) 숫염소 (헬라, 단 8:5~8)

① '두 눈 사이의 현저한 뿔' (단 8:5)은 헬라의 알렉산더 대왕을 상징한다. '뿔'은 특출한 권세나 그러한 권세를 가진 왕을 지칭하는 용어로 많이 쓰였는데 (단 7:7; 사 14:9; 렘 50:8) 알렉산더 대왕은 정복(征服)하는 데 있어서 현저하게 특출한 왕이었다.

② ‘숫염소가 서쪽에서부터 와서 온 지면에 두루 다니되 땅에 닿지 아니한 것’(단 8:5)은 알렉산더 대왕이 이끄는 헬라 군대의 세계 정복 속도가 놀라울 만큼 신속할 것을 뜻한다.

③ ‘큰 뿔이 꺾이고 그 대신에 현저한 뿔 넷이 하늘 사방을 향하여 난 것’(단 8:8)은 헬라가 넷으로 분열할 것을 의미한다. 알렉산더 대왕이 죽자 헬라 제국은 구심점을 잃고 네 개의 나라로 분열되었다.

여기서 뿔 넷은 알렉산더 대왕의 네 신하인 셀류쿠스, 톨레미, 카산더, 리시마쿠스 등을 말하는데, 헬라 제국은 알렉산더 대왕이 죽은 지 22년 후(B.C. 301년) 이들에 의해 애굽, 수리아, 헬라(마케도니아), 소아시아(비두니아) 등으로 분열되었다.

분열된 헬라 제국

2) 작은 뿔의 환상(단 8:9~14)

(1) ‘그중 한 뿔’(단 8:9)은 알렉산더 대왕이 죽은 후 바벨론과 수리아 지역을 차지한 셀류쿠스 왕조를 상징하며, ‘작은 뿔’

(단 8:9) 하나는 셀류쿠스 왕조의 여덟째 왕인 안티오쿠스 에피파네스를 가리킨다. 그는 동쪽으로는 바벨론의 엘리마이스와 알메니아를 쳐부수고 남쪽으로는 이집트를 쳐부수며 영화로운 땅인 유다의 예루살렘을 짓밟게 된다 (단 8:9~10).

(2) 안티오쿠스 에피파네스는 적그리스도의 표본이다. 그는 성전 제사를 폐지하고 하나님의 제단에 돼지 피를 드려 성소를 더럽혔으며 자기를 섬기지 않는 자를 모두 살육했다. 따라서 그의 형통은 잠시뿐이며 영원한 형벌을 받게 될 것이다 (단 8:11~12).

(3) 이것을 본 한 천사가 이 일이 언제까지 계속될 것인가 하고 묻자 다른 천사가 대답하기를 2천3백 주야 동안 계속되리라고 한다 (단 8:13~14).

이 예언은 역사 속에서 그대로 이루어졌다. 안티오쿠스 에피파네스가 이스라엘을 정복하고 대제사장 오니아스를 죽인 해가 B.C. 171년이며 그 후 그가 메디아에서 죽기까지 (B.C. 164) 2천3백 주야 즉, 6년이 흘렀다. 이처럼 다니엘의 예언이 역사적으로 증명된 것과 같이 미래에 이루어질 예언도 정확하게 이루어질 것이다.

역사적인 작은 뿔 (안티오쿠스 에피파네스)

아람 사람으로서 B.C. 175년에 보좌에 올라 B.C. 164년까지 통치한 그는 예루살렘을 공격하여 3일 동안에 4만 명 이상을 학살했다. 또한 그는 B.C. 168년 12월 15일에 유대 성전에 우상의 제단을 만들어 놓고 큰 암퇘지를 제물로 바쳤으며, 그 고기로 국을 만들어 제사장들에게 먹으라고 강요하는가 하면 그것을 온 성전에 뿌렸다. 뿐만 아니라 그는 팔레스틴 전역에 주피터 제단을 세워 놓고 유대인들에게 희생제물을 바치도록 강요했다.

그는 율법 책을 파괴하고 금 촛대, 진설병 상, 분향단 등 여러 가지 성물을 가져갔으며 주피터 상을 지성소에 세웠다. 예수님은 이를 장차 적그리스도의 활동을 묘사하는 자료로 사용하셨다 (마 24:15).

한편 '모디인' (Modiin)이라는 작은 유다 마을에 '마타티아스' (Mattathias)라는 유대인 제사장이 살고 있었는데 그는 용감한 노인으로서 그의 다섯 아들과 함께 안티오쿠스의 우상에 예배하기를 거절했을 뿐 아니라 왕의 종교적 사신(使臣)을 대담하게 살해했다. 그의 아들 가운데 하나가 '유다' (Judah)였는데 흔히 '마카비'라고 부른다. '마카비'는 유다의 애국자들과 함께 수리아인에 대항하여 B.C. 165년 안티오쿠스가 더럽힌 성전을 정화하여 다시 봉헌하게 되었는데, 이는 후에 '수전절' (Hanukkah)로 알려진 유다의 성일이 되었으며 (요 10:22), 안티오쿠스는 전쟁에서 패한 후 B.C. 164년에 바벨론에서 죽었다.

예언적인 작은 뿔 (적그리스도)

① 많은 것을 정복하게 될 것이다 (단 8:9; 계 13:4).
② 스스로 높아지게 될 것이다 (단 8:11; 계 13:15).
③ 위선적인 지배자가 될 것이다 (단 7:25; 살후 2:10).
④ 거짓 평화를 제시할 것이다 (단 8:25; 살전 5:2~3).
⑤ 이스라엘을 증오하고 박해할 것이다 (단 8:25; 계 12:13).
⑥ 성전을 더럽힐 것이다 (단 8:11; 마 24:15).
⑦ 사탄에 의해 힘을 얻게 될 것이다 (단 8:24; 계 13:2).
⑧ 중동에서 7년 동안 활동할 것이다 (단 8:14; 9:27).
⑨ 하나님을 거역하는 말을 할 것이다 (단 8:25).
⑩ 하나님의 손에 멸망할 것이다 (단 8:25; 계 19:19~20).

3) 이방의 뿔(단 8:20~27)

나라	표상	의미
메대와 바사	두 뿔 가진 숫양 (단 8:1~4, 20)	다리오 3세
헬라	한 뿔을 가진 염소 (단 8:5~8, 21~22)	알렉산더
과거의 수리아	작은 뿔을 가진 왕 (단 8:9~20, 23~27)	안티오쿠스 에피파네스
미래의 로마 제국		적그리스도

3. 칠십이레의 예언(단 9:24~27)

1) 다니엘은 70년 동안의 포로 생활에 대한 예언(렘 25:11~12; 29:10)을 깨닫고 민족의 장래가 어떻게 될 것인가에 대하여 기도를 드리자 그 응답으로 '칠십이레 환상'이 계시된다.

2) 다니엘은 예레미야 25:11의 말씀을 통하여 바벨론 포로가 70년 만에 끝날 것임을 알았다. 그러나 바벨론 포로가 끝나기 위해서는 백성의 죄악이 용서받아야 함을 알고 있었기 때문에 백성을 위해 중보 기도를 드리게 되었다.

3) 이 '칠십이레 환상'은 가브리엘 천사에 의해 직접 계시된 것으로 포로 귀환과 성전 중건, 그리스도의 성육신, 로마 군대에 의한 성전의 파괴, 적그리스도의 출현 등 이스라엘의 운명과 더불어 그리스도의 재림 직전에 있을 종말론적 사건이 예언되어 있다.

4) 다니엘이 본 칠십이레 환상은 이스라엘의 운명과 세상의 마지막 날에 있을 종말론적인 사건들을 예언한 것으로 7장과 8장의 환상이 '사건' 중심인 데 반해 9장은 '기간'에 초점을 맞추고 있다.

(1) 하나님은 유대 백성과 거룩한 성을 위하여 예언하셨다 (단 9:24).

이 예언은 유다 민족을 중심으로 한 예언으로서 '칠십이레 환상'은 하나님께서 이스라엘을 위해 국가적, 영적 구속을 이루실 것에 관한 것으로 포로 귀환과 성전 중건, 그리스도의 성육신, 로마 군대에 의한 성전의 파괴, 적그리스도의 출현 등 종말에 있을 사건들이다.

(2) 하나님은 칠십이레로 기한을 정하셨다 (단 9:25).

'이레'는 '일곱'의 의미로 '한 주간' (week)을 가리키기도 하지만 (단 10:2), 때로는 1년 (year)을 가리키기도 한다 (창 29:27; 민 14:34). 따라서 '칠십이레'는 문자적으로 70주간을 의미하며 하루를 1년으로 간주하면 490년이 된다.

(3) 칠십이레 중 7이레와 62이레가 지나면 기름 부음을 받은 자이신 메시아가 탄생하지만 그는 곧 끊어져 없어질 것이다 (단 9:26).

① **7이레 (49년)** : 바사 왕 고레스 원년에 하나님의 성전인 예루살렘 성을 지으라는 명령이 났으나 (대하 36:22-23; 스 1:1~

4) 예루살렘 성을 중건하라는 명령은 아닥사스다 왕 20년 니산월(B.C. 445년 3월 14일)에 났으며 이 명령이 난 때부터 에스라와 느헤미야가 성전을 완공하기까지 49년이 걸렸다.

② **62이레 (434년)** : 예루살렘 성이 중건된 지 434년 후에 예수님께서 나귀를 타시고 예루살렘 성에 입성하셨으나 그 주간 금요일에 십자가에 달려 돌아가셨다.

③ 기름 부음을 받은 자이신 예수님이 십자가에 죽으심으로 끊어지자 '한 왕의 백성'(A.D. 79년에 로마의 황제가 된 티투스 장군)이 예루살렘을 점령하여 A.D. 70년에 성전을 훼파한다.

④ 다니엘 9장 26절과 27절 사이에는 기간이 명시되지 않은 공백기의 역사가 흐른다. 하나님께서는 이 기간을 예언자들에게 밝히지 않으셨다.

(4) 마지막 '한 이레'(7년)는 세계 역사의 종말, 즉 그리스도의 재림 직전에 있을 7년 대환난의 시대를 말한다(단 9:27).

① 이때 적그리스도가 나타나 전 3년 반 동안에는 성도들과 언약을 맺고 신앙의 자유를 주지만 후 3년 반 동안에는 언약을 일방적으로 파하고 본격적으로 하나님을 대적하고 성도들을 핍박하게 된다(단 9:27).

② 그러나 적그리스도는 그리스도의 재림으로 영원한 멸망의 불과 유황 못에 던져질 것이다 (계 20:10).

다니엘의 칠십 이레 예언과 요한계시록의 7년 환란 (단 9:20~27)

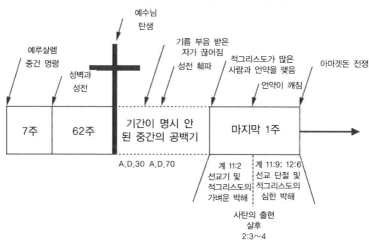

4. 하나님 나라의 완성까지 계시 (단 10~12장)

고레스 왕 3년에 다니엘은 백성의 미래에 관한 마지막 계시를 받았는데, 이는 바사의 통치부터 끝날 때까지 하나님의 백성이 압제를 당하겠지만 하나님이 보호해 주실 것에 대한 내용이다.

1) 영계의 전쟁 (단 10장)

고레스 왕 3년에 다니엘은 전쟁에 대한 환상을 본 후 힛데겔 강가에서 3주 동안 간절히 기도할 때 천사가 기도의 응답을 가져와 영계의 전쟁에 대해 설명한다. 다니엘이 기도하기 시작한 첫날부터 하나님이 들으신 바가 되어 천사가 응답을 가지고 왔으나 오는 중에 공중에서 바사국의 악한 영들이 길을 막고 있었기 때문에 군주 미가엘의 도움으로 올 수 있었는데, 그 응답은 세상 종말에 대한 내용으로 다니엘 11장과 12장에 기록되어 있다.

바사 왕국의 군주 (단 10:13)

'바사 왕국의 군주'란 문자적으로는 '페르시아 왕국의 통치자'란 뜻이지만, 실제로는 페르시아 왕이 아니라 페르시아 왕국의 수호신으로서 그 나라뿐만 아니라 세계적으로 역사하는 악령의 세력을 말한다(엡 2:2; 6:12). 이러한 악령의 세력은 하나님을 대적하고, 그리스도의 오심을 방해하며, 성도들을 박해한다.

이 악령은 다니엘의 기도 응답을 가지고 오는 한 천사를 21일 동안 막았으나 결국 하나님의 군대장관 미가엘에게 패하고 만다.

한편 '가장 높은 군주 중 하나인 미가엘'은 하나님 곁에서 시중드는 천사로서 하나님의 택한 백성을 보호하는 임무를 맡아 영계의 권세에 대항하여 싸우는 '천사장'이다(유 1:9; 계 12:7).

셀류쿠스 왕조 (북방 수리아 왕조)

	역대 왕들	연대 (B.C.)
1	셀류쿠스 1세 (니카토르)	321~281
2	안티오쿠스 1세 (소테르)	281~261
3	안티오쿠스 2세 (테오스)	261~246
4	셀류쿠스 2세 (칼리니쿠스)	246~225
5	셀류쿠스 3세 (소테르)	225~223
6	안티오쿠스 3세 (대)	223~187
7	셀류쿠스 4세 (필로 파테르)	187~175
8	안티오쿠스 4세 (에피파네스)	175~163
9	안티오쿠스 5세 (유파테르)	163~162
10	데메트리우스 1세 (소테르)	162~150

	역대 왕들	연대 (B.C.)
11	알렉산더 발라스	150~145
12	데메트리우스 2세 (니카토르)	145~139
13	안티오쿠스 6세 (에피파네스 디오니수스)	145~142
14	안티오쿠스 7세 (시데테스)	139~129
15	데메트리우스 2세 (니카토르)	129~125
16	안티오쿠스 8세 (그리푸스)	125~113
17	안티오쿠스 9세 (필로파테르 키지케누스)	113~111
18	안티오쿠스 8세 (그리푸스)	111~95
19	셀류쿠스 6세	95~94
20	안티오쿠스 10세 (유세베스)	94~83
21	티그란네스 (아르메니아) 왕	83~69
22	안티오쿠스 13세 (아시아티쿠스)	69~65

2) 남방 왕과 북방 왕의 전쟁(단 11:5~35)

헬라의 알렉산더 대왕이 죽은 후 그 나라가 넷으로 나누어졌는데
그중에서 남방의 애굽 (톨레미 왕조)과 북방의 수리아 (셀류쿠스 왕
조)가 강력한 국가를 형성하였다. 이 두 나라는 약 150년 동안 서
로 패권 다툼을 하였는데 두 나라의 중간에 있던 이스라엘은 그들
에게 짓밟히며 고통을 겪었다.

남방 왕들과 북방 왕들의 역사적 배경

애굽 왕조	통치 (B.C.)	성구	수리아 왕조	통치 (B.C.)	성구
톨레미 1세 소테르	322~285	5a	셀류쿠스 1세 니카토르	312~280	5b
톨레미 2세 필라델푸스	285~246	6	안티오쿠스 1세 소테르	280~261	
			안티오쿠스 2세 데오스	261~246	6

애굽 왕조	통치 (B.C.)	성구	수리아 왕조	통치 (B.C.)	성구
톨레미 3세 유겔게테스	246~222	7~9	셀류쿠스 2세 칼리니쿠스	246~226	7~9
			셀류쿠스 3세 소테르 케라우누스	226~223	10
톨레미 4세 필로파토르	221~203	10~12	안티오쿠스 3세 마구누스	223~187	10~19
톨레미 5세 에피파네스	203~181	14~17	셀류쿠스 4세 필로파토르	187~175	20
톨레미 6세 필로메토르	181~146	25~28	안티오쿠스 4세 에피파네스	175~163	21~45
			안티오쿠스 5세 유토파	163~162	
			데메트리우스 1세 소테르	162~150	

(1) 남방 왕 중에 한 군의 강대함

단 11:5

‘남방의 왕’은 애굽을 통치하던 톨레미 1세로서, 그는 알렉산더 대왕의 부하 장군들 중에서 가장 유능했다. 또한 ‘그 군들 중의 하나’는 분열된 네 왕조 중의 하나를 말하는데, 여기서는 수리아 왕국의 초대 왕인 ‘셀류쿠스 니카토르’를 가리킨다. 그는 후에 팔레스틴에서 인도까지 넓은 지역을 통치함으로써 ‘톨레미’ 왕국보다 세력이 커졌다.

(2) 남방 왕과 북방 왕 간의 맹약

단 11:6

셀류쿠스와 톨레미 왕조 사이의 맹약으로 B.C. 250년 톨레미 2
세는 그의 딸 베레네스를 안티오쿠스 2세인 데오스와 결혼시켰으
나 데오스의 전 부인인 라오디스가 베레네스와 그녀의 아이를 살해
하고 남편 안티오쿠스 2세까지 죽임으로써 이 결혼은 실패로 끝나
고 말았다. 이처럼 강대국끼리의 협정은 어느 한쪽의 힘이 약화될
때 다시 전쟁이 재발할 수 있는 성격을 갖는다.

(3) 남방 왕의 침략

단 11:7~8

톨레미 2세의 뒤를 이어 애굽 왕이 된 톨레미 3세가 자기 누이
베레스의 복수를 위해 수리아의 셀류쿠스 칼리니쿠스 왕을 공격했
다. 그는 이 싸움에서 크게 승리하여 수리아의 많은 지역을 정복하
고 라오디스를 죽여 누이의 원수를 갚았다. 이처럼 세상 나라는 힘
이 강해지면 다른 나라를 지배하려는 속성을 가지고 있어서 전쟁이

완전히 종결될 수는 없다.

(4) 북방 왕의 침략

단 11:9~10

....

....

남방 왕의 침략은 북방 왕의 공격을 초래하였는데 북방 왕은 전력을 증강하여 복수전을 시작했던 것이다.

(5) 북방 왕의 계속되는 공격

단 11:11~15

....

....

물고 물리는 전쟁 속에서 북방 왕은 결정적으로 승리하게 된다. 단지 공격하여 약탈한 후 물러간 정도(단 11:9)가 아니라 완전히 정복했던 것이다.

(6) 북방 왕의 승리와 몰락

단 11:16~19

남방 왕을 물리침으로써 통치권을 차지하게 된 북방 왕은 잠시 승리감을 누리지만 결국은 패망하게 된다. 이는 아무리 강한 나라라도 이 세상의 왕은 몰락하게 될 것이며 결정적으로 패배하게 될 것임을 보여 준다. 이처럼 세상 나라는 영원할 수 없는 것이다 (계 20:2, 3, 10).

(7) 북방 왕의 성공

단 11:20~24

안티오쿠스 3세의 뒤를 이은 수리아의 셀류쿠스 4세는 부친의 패전으로 인한 전쟁 배상금을 물기 위해 예루살렘 성전의 보물까지 빼앗아 오게 하였으나 그의 직속 부하에게 피살되어 짧은 생애를 마친다 (단 11:20).

셀류쿠스 4세의 뒤를 이은 안티오쿠스 에피파네스는 조카 대신에 왕위에 오른 후 자신의 입장과 세력을 견고히 하기 위해 많은 흉계와 권모술수를 사용했다 (단 11:21).

안티오쿠스 에피파네스는 자신의 조카인 애굽 왕 톨레미 6세와 평화조약을 체결한 뒤 스스로 그 조약을 깨뜨리고 몰래 작은 도시들을 하나씩 점령해 나갔다 (단 11:22~24).

(8) 남방 왕에 대한 공격과 언약을 거스른 북방 왕

단 11:25~28

안티오쿠스가 군대를 이끌고 애굽을 공격하자 애굽 왕 톨레미 6세는 대군을 이끌고 대항하다 톨레미 측근의 모사들이 에피파네스에게 매수당해 애굽을 배반함으로써 애굽은 수리아에게 패하고 톨레미 6세는 포로로 잡혔다 (단 11:25~26).

안티오쿠스는 어린 조카인 톨레미 6세를 수리아로 데려가서 그와 우호적인 것처럼 가장했으나 안티오쿠스나 조카는 서로를 믿지 않았다 (단 11:27~28).

(9) 다시 공격하는 북방 왕

단 11:29~35

에피파네스는 다시 애굽을 공격하여 구브로와 알렉산드리아까지 진군했으나 결국 로마의 개입으로 퇴각하게 된다 (단 11:29~30). 한편 애굽을 공격하는 데 실패한 에피파네스는 본격적으로 유대교를 박해하게 된다 (B.C. 167~164).

① 에피파네스는 율법을 저버리고 자신의 헬라화 정책에 동조하는 유대인들에게 권력을 주어 유대의 헬라화 정책에 앞장서게 했다 (단 11:30).

② 수리아 군대를 성전 남쪽에 주둔시켜 온갖 가증한 일을 행하게 하였다 (단 11:31a).

③ 유대인이 성전에서 매일 드리는 제사를 폐지하고 성전 안에 제우스 신상을 세워 경배하게 했으며, 제단 위에 부정한 동물의 피와 고기를 갖다 바치게 하였다 (단 11:31b).

④ 안티오쿠스 4세는 배교자들을 자기의 하수인으로 삼기 위해서 헬라파 유대인들을 유혹하여 유대교를 공적으로 비난하고 배반하도록 했다 (단 11:32).

⑤ 율법과 신앙을 지키려는 유대인들을 핍박하여 유대교를 뿌리째 뽑아 버리려고 했다 (단 11:33).

에피파네스의 박해에 대한 항거 운동이 거의 사라지려고 할 때 '마카비' 혁명이 성공하자 사람들이 '마카비' 혁명에 동참하게 되지만 후에 그들은 다시 '언약'을 배반하게 된다 (단 11:34).

지혜로운 몇 사람이 박해를 당하고 죽임을 당한 것은 하나님께서 유대인을 연단하고 알곡과 가라지를 가려내는 것이다 (단 11:35).

(10) 하나님에 대한 도전

단 11:36~39

에피파네스는 그가 만든 주화 (鑄貨)에 자신의 초상화를 새겨 넣고 그곳에 '신들의 신'이란 뜻의 '데오스' (Theos)라는 글자를 새겼다 (단 11:36~39).

이 같은 에피파네스는 그리스도의 재림 직전의 대환난 기간에 나타날 적그리스도를 상징한다.

(11) 마지막 성공과 실패

단 11:40~45

수리아의 안티오쿠스 에피파네스는 애굽을 정복하고 교만해지지만, 얼마 후 파르티아 (Parthia)와 아르메니아 (Armenia)의 반란 소식을 듣고 토벌하러 가던 중 (B.C. 165년경) 지중해와 예루살렘 사이에서 하나님의 징계를 받아 죽게 되었다 (단 11:40~45).

이 예언은 세상의 마지막 때에 크게 위세를 떨치다가 결국 유황불에 던져지고 말 적그리스도의 최후를 말해 준다 (계 19:20).

4) 계시의 종결 (단 12장)

(1) 미가엘의 등장 (단 12:1a)

단 12:1

마지막 때에 있을 전쟁이 거의 끝나갈 무렵 미가엘이 나타나는데 그 이유는 하나님의 백성을 위로하기 위함이다. 이는 하나님께서 종말에 구원 운동을 펼치실 것을 의미한다.

(2) 하나님 백성의 구원 (단 12:1b)

하나님의 구원은 아무에게나 주어지는 것이 아니라 생명책에 기록된 사람에게만 주어진다 (출 32:33; 계 20:12). 이것은 하나님께서 인간 역사를 친히 다스리심을 보여 주는 동시에 인간의 구원이 인간적인 조건에 있는 것이 아니라 하나님의 주권에 있음을 나타내 준다.

(3) 영생과 영벌

단 12:2

마지막 날에 있을 하나님의 역사는 두 가지 극단적인 양상인 '영생과 영벌'로 나타난다. 하나님의 공의는 '심판의 양상'으로, 하나님의 긍휼은 '구원의 양상'으로 나타나는 것이다 (롬 9:19~23).

(4) 참신자들에 대한 보상

단 12:3

지혜 있는 자가 많은 사람을 돌아오게 하는데 천국에서 하나님의 보상을 받는 자는 단지 자신만의 성결을 유지하기 위해 노력하는 자가 아니라 사람들을 주께로 데려오는 자이다.

(5) 예언의 성취

단 12:4

'이 말을 간수하고 이 글을 봉함하라'(단 12:4)는 것은 이 예언이 일점일획도 변경되지 않고 반드시 성취될 것을 의미한다. 또한 '많은 사람이 빨리 왕래한다'(단 12:4)는 것은 종말에 많은 하나님의 백성이 이 예언의 성취를 주시하며 그 예언의 참된 의미를 깨닫기 위해 열심히 노력할 것을 가리킨다.

(6) 다니엘의 환상에 나타난 두 사람의 대화

단 12:5～7

이 예언이 성취되는 시기는 일차적으로 에피파네스의 박해가 끝나는 때를 가리키지만 상징적으로는 후 3년 반(1,260일)이 지나고 그리스도의 재림이 이루어질 때를 의미한다.

수많은 성도들이 적그리스도의 핍박 때문에 소멸해 가는 것처럼 보이지만 이때 하나님께서 개입하셔서 적그리스도를 심판하시고 성도를 구원하신다.

(7) 다니엘의 반복적인 질문과 대답

단 12:8~13

---

① 다니엘의 질문은 먼저 '구체적인 시기'에 관한 것이며 다른 하
나는 '마지막 날의 최종적인 상황'을 묻는 것이었다 (단 12:8).

② 세마포 옷을 입은 자의 대답은 이 세상에는 두 종류의 사람이
있는데 '의인'은 시험받을 때 회개하기 때문에 장차 승리와
영광을 누리게 되지만, '악인'은 자신의 악을 깨닫지 못하기
때문에 멸망과 심판을 받게 된다는 것이다 (단 12:9~10).

③ 인간 역사가 완성되는 날은 매일 드리는 제사가 폐해지고 멸
망하게 할 미운 물건이 세워진 때로부터 1,290일이 지날 것
이다. 1,260일에서 30일이 더해진 것은 최후의 전쟁터를 정리
하는 데 걸리는 시간일 것이다 (단 12:11).

④ 그리고 기다려서 1,335일까지 이르는 사람은 천년왕국에 들
어갈 복을 받게 된다. 1,290일에서 45일이 더 더해진 것은 45
일 동안 '양의 나라'와 '염소의 나라'를 심판하시고 분별하시
는 기간일 것이다 (단 12:12; 마 25:31~32)

⑤ 천사는 하나님의 말씀을 다 전한 후 평안히 쉬라고 말했다. 다니엘은 이 묵시가 이루어질 때까지 깊은 잠에 들어갈 것이지만 끝날 때에는 부활하여 천년왕국을 유업으로 누릴 것이다. 이처럼 주를 신뢰하는 하나님의 모든 자녀들도 천년왕국의 복을 누리게 되는 것이다.

북방 왕과 남방 왕의 전쟁 (단 11~12장)

요절	내용
11:1~35	**지상 전쟁** 헬라 제국이 네 나라로 분열된 후 남방의 애굽과 북방의 수리아 사이에 150년 동안 계속된 전쟁의 내용으로서 역사적으로 그대로 이루어졌다.
11:36~39	**적그리스도의 모습** '왕'은 적그리스도를 상징하는데, 그는 7년 환난 때 자신을 신이라 자칭하면서 비상한 말로 하나님을 대적하고 자기에게 아부하는 자들에게는 땅을 주어 다스리게 할 것이다.
11:40~45	**지구 최후의 전쟁** 적그리스도의 통치 후 3년 반이 되면 아프리카의 리디아, 구스, 애굽이 반역하여 일어날 것이다. 이를 진압하기 위해 적그리스도는 예루살렘에 본부를 정하고 그의 반역자들을 무찌를 때 동방의 큰 군대가 내려와 지상 최후의 전쟁을 벌일 것이다.
12:1	**대환난** 대환난이 임할 때 생명책에 기록된 자들은 미가엘의 도움으로 구원을 받게 될 것이다.
12:2~3	**부활** 그리스도가 지상에 강림하게 되면 7년 환난 중에 복음을 위해 죽은 자들이 부활하고 많은 복음을 전한 자들은 별과 같이 영원토록 빛날 것이다.
12:5~8	**최후의 기간** 대환난의 기간은 한때, 두 때, 반 때 즉, 42달로 1,260일이 되면 끝날 것이며, 그 후 예수 그리스도가 통치하는 천년왕국이 이루어질 것이다.

참고
문헌

1. 국문 서적

강병도. 「호크마 종합주석」 vol. 17. 서울: 기독지혜사, 1999.

_____. 「호크마 종합주석」 vol. 18. 서울: 기독지혜사, 1999.

_____. 「호크마 종합주석」 vol. 19. 서울: 기독지혜사, 1999.

문희석. 「오늘의 예언서 연구」 서울: 대한기독교서회, 1992.

_____. 「최근의 예언서 연구」 서울: 대한기독교출판사, 1992.

박준서. 「이스라엘아! 야훼의 날을 준비하라」 서울: 대한기독교서회,
    2001.

순복음교육연구소 편. 「예언서」 서울: 서울서적, 1990.

원용국. 「구약 예언서」 서울: 생명의말씀사, 2000.

이병렬. 「이스라엘의 예언자들: 히브리민족야하웨 종교의 대변자」
    서울: 페트라 성경연구원, 1990.

장일선. 「히브리 예언서 연구」 서울: 대한기독교서회, 1992.

_____. 「예레미야」 서울: 전망사, 1993.

_____. 「이사야 II」 서울: 전망사, 1993.

정종호. 「예언서 배경 연구」 서울: 도서출판 한글, 1998.

제자원 편. 「그랜드 종합주석」 vol. 9. 서울: 성서교재간행사, 1994.

_____. 「그랜드 종합주석」 vol. 10. 서울: 성서교재간행사, 1996.

_____. 「그랜드 종합주석」 vol. 11. 서울: 성서교재간행사, 1995.

조용기. 「다니엘서 강해 (성역50주년기념 신약 성경 강해 전집)」 서울: 서울말씀사, 2008.

_____. 「요한계시록 강해 (성역50주년기념 신약 성경 강해 전집)」 서울: 서울말씀사, 2008.

_____. 「하나님의 말씀 (이사야-말라기)」 서울: 서울말씀사, 2006.

차준희. 「구약 예언서 이해」 서울: 한국신학연구소, 2001.

최종태. 「예언자에게 물어라」 서울: 기독교문서선교회, 1999.

2. 번역 서적

Bullock, C. Hassell. 「구약 선지서 개론」 류근상 역, 서울: 크리스챤출판사, 2001.

Green, Joel B. 「어떻게 예언서를 읽을 것인가?」 한화룡 역, 서울: 한국기독학생회출판부, 1992.

Heschel, Abraham Josua. 「예언자들 (상)」 이현주 역, 서울: 종로서적, 1995.

Lloyd-Jones, David Martyn. 「이사야 5장 강해」 이재기 역, 서울: 기독교문서선교회, 1999.

MacDonald, William. 「알기 쉬운 선지서 개요」 정병은 역, 서울: 전도출판사, 1995.

Paterson, John. 「예언자 연구」 이호운 역, 서울: 한국기독교문화원, 1983.

Patten, Gorden. H.. 「회복된 예언서들의 권위」 차원봉 역, 서울: 태광출판사, 1990.

Thomas, Derek. 「이사야 (상)」 번역실 역, 도서출판 목회자료사, 1994.

_____. 「이사야 (하)」 번역실 역, 도서출판 목회자료사, 1994.

VanGemeren, Willem A., 「예언서 연구」 김의원 · 이명철 역, 서울: 도서출판 엠마오, 2001.

Wilson, Robert R. 「고대 이스라엘의 예언과 사회」 최종진 역, 서울: 예찬사, 1991.

Young, Edward J. 「이사야서 주석 (I)」 장도선 · 정일오 역, 서울: 기독교문서선교회, 2007.

3. 외국 서적

Bright, John. 「Anchor bible: Jeremiah」 New York: Doubleday & Company, 1981.

Cho Yonggi, Paul. 「Daniel: Insight on the life and dreams of the prophet from babylon」 Florida: Creation house, 1990.

Clements, R. E. 「Interpretation: Jeremiah」 Atlanta: John Knox press, 1988.

Davidson, Robert. 「Jeremiah」 Philadelphia: Westminster press, 1983.

Ferguson, Sinclair B. 「Communicators commentary 19: Daniel」 Lamentations, Waco, Texas: Word books, 1986.

Greenberg, Moshe. 「Anchor bible: Ezekiel」 New York: Doubleday & Company, 1983.

Guest, John. 「Communicators commentary 17: Jeremiah Lamentations」 Waco, Texas: Word books, 1986.

Hartman, Louis F & Di Lella, Alexander A. 「Anchor bible: Daniel」 New York: Doubleday & Company, 1983.

Laymon, Charles M. 「Interpreters concise commentary: The major prophets」 Nashville: Abingdon press, 1983.

Mays, James Luther & Achtemeier, Paul J. 「Interpreting the prophets」 Philadelphia: Fortress press, 1987.

Moore, Carey A. 「Daniel, Esther and Jeremiah」 New York: Doubleday & Company, 1977.

Russell, D. S. 「Daniel」 Philadelphia: Westminster press, 1981.

Sawyer, John F. A. 「Isaiah」 Philadelphia: Westminster press, 1984.

Stuart, Douglas. 「Communicators commentary 18: Ezekiel, Lamentations」 Waco, Texas: Word books, 1986.

Walvoord, John. 「Daniel: The key to prophetic revelation」 Chicago: Moody press, 1989.

Ward, James M. 「The prophets」 Nashville: Abingdon press, 1982.

Wood, Leon J. 「The prophets of israel」 Michigan: Baker book house co., 1992.

Young, Edward J. 「My servants the prophets」 Michigan: Eerdmans Pub. Co., 1985.

4. 도표 및 지도

* 느부갓네살 왕이 본 신상에 대한 해석
  제자원 편. 「그랜드 종합주석」 vol.9. 서울: 성서교재간행사, 1994, 65.
* 다니엘의 칠십이레 예언과 요한계시록의 7년 환란 (단 9:20~27)
  제자원 편. 「그랜드 종합주석」 vol.11. 서울: 성서교재간행사, 1994, 185.
* 단 7장과 8장의 환상 비교
  강병도. 「호크마 종합주석」 vol.19. 서울: 기독지혜사, 1999, 716.
* 디글랏 빌레셀 3세 시대의 앗수르 행정 구역 (B.C. 732년)
  Derek. Thomas. 「이사야 (상)」 번역실 역, 도서출판 목회자료사, 1994, 113.
* 문서 예언자 이전의 예언자
  박준서. 「이스라엘아! 야훼의 날을 준비하라」 서울: 대한기독교서회, 2001, 35.
* 바사 제국의 왕
  순복음교육연구소 편. 「예언서」 서울: 서울서적, 1990, 155.
* 선지자 시대의 이스라엘과 유다의 인접 국가
  순복음교육연구소 편. 「예언서」 서울: 서울서적, 1990, 72.
* 셀류쿠스 왕조 (북방 수리아 왕조)
  순복음교육연구소 편. 「예언서」 서울: 서울서적, 1990, 177.
* 에스겔이 본 성전과 뜰
  William. MacDonald, 「알기 쉬운 선지서 개요」 정병은 역, 서울: 전도출판
  사, 1995, 124.
* 예레미야 사역의 연대표
  Willem A. VanGemeren, 「예언서 연구」 김의원·이명철 역, 서울: 도서출판
  엠마오, 2001, 507.
* 이사야 당시 근동 지방의 역사적 배경
  강병도. 「호크마 종합주석」 vol. 17. 서울: 기독지혜사, 1999, 25.
* 이사야의 사역 연대표
  Willem A. VanGemeren. 「예언서 연구」 김의원·이명철 역, 서울: 도서출판
  엠마오, 2001, 431.
* 집단으로서의 '종'과 개인으로서의 '종' 공통점과 차이점
  순복음교육연구소 편. 「예언서」 서울: 서울서적, 1990, 49.

이에스더

아세아연합신학대학교에서 석사 학위를, 미국 Fuller Theological Seminary에서 박사 학위를 취득했다. 여의도순복음교회 대학선교회, 상담소, 국제신학연구원에서 사역하였으며, 현재 순복음영산목회대학원에서 교학처장으로 사역하고 있다. 저서로는 『상한 심령을 품어 주는 교회』, 『목회서신』, 『소선지서』 등이 있다.

The Major Prophets

대선지서 개정판

초판인쇄 2021년 8월 13일
초판발행 2021년 8월 13일

지은이 이에스더
펴낸이 채종준
펴낸곳 한국학술정보㈜
주소 경기도 파주시 회동길 230(문발동)
전화 031) 908-3181(대표)
팩스 031) 908-3189
홈페이지 http://ebook.kstudy.com
전자우편 출판사업부 publish@kstudy.com
등록 제일산-115호(2000. 6. 19)

ISBN 979-11-6603-488-6 93230

이 책은 한국학술정보㈜와 저작자의 지적 재산으로서 무단 전재와 복제를 금합니다.
책에 대한 더 나은 생각, 끊임없는 고민, 독자를 생각하는 마음으로 보다 좋은 책을 만들어갑니다.